U0044546

王振漢・著

——金門閩南文化之美

# 東門傳奇

金門文化局

# 目錄
## Contents

「東門傳奇」一書作者楊天送先生，秉持對於東門的殷

殷情懷，以東門地區人文與空間聚落發展，作為撰述主題，

透過作者大樣之筆，將時間之居民生活、空間地區、歷史人

文，完整而佃賦的呈現出來，實為珍貴之東門文化史料，作者

細說文卷，寔地踏勘，費心探撿，為保存地方文獻之用心，令人

感動。

近年來，為保存地方文化資產，本府除全力修護古蹟建

築，碩規工程外，更積極投入本刊出版之軟體建設，許願籍

由吾等之努力，益使金門文化再添軒獻。欣逢「東門傳奇」

一書頃將印刊，作者索序於余，謹誌。

# "東門傳奇"序

一縣之精華，盡萃於都城，金城鎮自古即為本縣大邑，東門為其一里。其自民國五二年填平瀲池並興建菜市場後，即成十萬大軍後勤補給重地，每值凌晨，此地人車輳湊車水馬龍。金門的每一天，便由此揭開了序幕。曾經何時軍用卡車蜿蜒數百在此採買，其壯盛場景，蔚為奇觀；時以民謠路近此堤路段均係為塘，筆者猶記囝仔時之際，凌晨來此賣菜貼補家用，每於近家市輒至為塘捲拾小草，藉資養家畜牲禽，彼之時矣，水冷冬凍，直為刀割，四年對於青農家生活之賁苦，點滴在心，依生難忘。物換星移，四五十年間，再度縈之，景物已變，人事全非，感慨良深……相信每一位讀者與我相同，都有一段會於自己的，東門故事。

仙洲耆儀　李怡燁

東門傳奇——金門閩南文化之美

# 濃濃古意閩南風

　　東門為後浦四境之一，後浦位於金門西南隅，其聚落早在唐宋時期即頗具規模，自清康熙年間總兵署移駐後浦以來，城區發展歷史超過三百年，保有豐富的人文史蹟及俗民生活文化，是金門人口密集、商業發展繁榮地區，也是外來觀光旅客認識金門人文的重要門戶。

　　東門境內有清欽旌節孝坊、靈濟寺、模範街、奎閣、王氏宗祠、陳詩吟洋樓等等豐富人文史蹟，也有東門市場、大陸街、巴剎等有民生消費街區，是觀光客參訪後浦必遊之地。

　　本書作著王振漢老師於教學之餘，著意發掘、整理地方文史，所著《東門傳奇——金門閩南文化之美》，深入淺出，介紹東門境之人文事蹟、故事及典故，除為在地民眾認識地方文史的捷徑之外，更可提供觀光解說員自修，提升解說知能的良好素材，亦是觀光客自助旅遊東門境人文史蹟最佳參考書籍之一。

　　漫步東門，享受濃濃古意閩南風情，讓人彷彿誤入時空交錯的懷舊年歲。金門縣政府自九十七年六月推出「夜遊後浦美麗小鎮」，定時定點帶隊導覽解說遊程，每晚7時30分由總兵署出發，推出迄今甚受好評，本書出版正可輔助導覽解說遊程之內容，帶領旅客領略洋溢古典閒適及人文的東門。

　　在您閱覽本書後，期盼您抽空漫遊東門境，細細品味東門境歷史、人文之美。

金門縣政府交通旅遊局
局長　林振查　誌

# 東門原來這麼的美

　　首先要感謝金城國中教師王振漢，不嫌棄我孤陋寡聞，學識淺薄，把即將出版新著大作《東門傳奇──金門閩南文化之美》的稿件，送我先讀，要我寫篇序文。閱讀之後，讓我收穫良多。油然想起老家湖下楊志文宗長，在他老人家編著《金門縣湖峰鄉土誌》系列三冊時，每次都不嫌其煩，送來大堆的稿件，要我審閱，其實當年年輕什麼也不懂，談何審閱？他只是有意要迫我多閱讀，以便多瞭解家鄉事而已，宗長用心良苦，至今仍感激不盡。王老師是我城中老同事，當年我就常找他為學校寫東西，也常念念不忘。

　　王振漢老師，國立師範大學國文系畢業，文筆流暢，文學造詣高，在地區曾得過金門縣文藝獎，長年居住東門，熱愛鄉里，認真探索記載，充滿人文薈萃的東門境內，重要的名勝古蹟、地方建設等二十餘處。作者在書中，插用上百幅圖像，也提出諸多對東門社區寶貴的看法，是對家鄉東門的高度期許。東門經王振漢報導，才讓人發現東門原來這麼的美，有歷史悠久的美，還有現代化的美，而且背後都有許多動人的故事。相信將來《東門傳奇──金門閩南文化之美》出版，當很有可讀性，敬請期待。

　　東門「代天府」（王爺宮），已有四百餘年的歷史。宮廟對聯：「府中祀溫池，共仰巍峨千歲殿；廟畔臨山海，同霑赫濯王爺宮。」該廟主祀溫王爺、池王爺、金王爺等神明。我到過新加坡、臺灣與大陸各地區的宮廟，都有供奉溫王爺、池王爺、金王爺、蘇王爺等神明，探索一下都與金門有密切血緣關係。民國八十四年七月，金廈「小三通」之前，東門「代天府」

信徒，就已組織進香團，赴同安馬巷「元威殿」請火，爲兩岸民間交流立下了典範，可見宗教力量，可促進兩岸和諧和平、共生共榮。

東門「金門道士館」（師公店），道士是道教的主持者與傳承者，道教是中國最古老的本土宗教，以供奉太上老君爲開山祖師。我國的宗教文化，自兩宋以來，儒、道、釋漸形合流。儒家孔子是得道聖者，道家尊稱拜他爲：「太極上真公」。地區道教宮廟，也禮拜佛教教主釋迦牟尼佛的護法神：觀世音菩薩、媽祖、關公等神明，可以說地區儒、道、釋三教已接近合一了。

金門道士館，除了東門「金門道士館」的道士陳仲芪、陳仲荆兄弟外，還有金寧鄉的李雲標，金沙鎮的吳明湖，傳習做道士的人，已不多了。因爲道士從事法事，要很專業，道性能力要高，才能有效幫助眾生驅鬼降妖、畫符消魔、消災解厄、誦經祈福。最近地區將配合金門古寧頭戰役六十週年紀念，舉辦兩岸和平消災祈福水陸大法會。金門大佛園區開發基金會，於本（三）月十三日，召開籌備會，由佛教高僧明乘長老主持。會中就有列席的古寧頭村民建議，水陸大法會，除了聘請兩岸佛教高僧爲兩岸戰亡的兩軍將士超薦外，她建議李炷烽縣長，還要聘請兩岸道性能力超高的師公，蒞臨古戰場爲戰亡的兩軍將士做法事，並號召地區民眾多送金帛燒給他們，以安冥陽。道、釋合一，共同爲兩岸和

平消災祈福，當然是件好事，也是一件大事。金門縣政府民政局，是否可召集地區陳仲萇、陳仲荊、李雲標、吳明湖等道士師公與這位古寧頭村民座談研討：看看古寧頭戰役法事要做到何種層次？才能有利戰亡的兩軍將士離苦得樂！地區的道士師公是否有此能耐完成任務？如不能就應派他們赴大陸或臺灣受訓，如短時間無法學會，也可請地區的道士師公，協助另請高明，蒞金門主法！

據王振漢老師說，陳仲萇、陳仲荊兄弟師公，執此行業乃是世襲，已有五代的歷史，其曾祖陳文禮道長祖籍南安人，在泉州設壇執業。如今陳仲萇道長，學道認真，勤研經典，頗有祖先之風采，實在應鼓勵他開班授徒，以為傳承。陳道長還收藏道教經典、法器、傀儡等文物，都有二、三百年的歷史，政府應協助其好好保存，如蒙同意道教經典，應印刷出版，以便流傳流佈。

從「代天府」（王爺宮），東門里公所順著莒光路一段，觀光客口中所稱的「大陸街」往上走，可見到諸多歷史古蹟，先是臺閩地區一級古蹟「貞節牌坊」，「靈濟寺」（觀音亭），都大約有二百年的歷史；莒光路一段十四號，原為清朝舉人林豪的故居，保留了珍貴的歷史文物，也很值得觀賞。林豪父林焜煌是地區第一位編纂《金門縣志》的先賢。林氏父子以文學傳名於金門與臺灣。王老師書中都有詳盡的報導。

國家三級古蹟「魁星樓」，它創於清道光十六年（西元1836年），民國九十一年曾重建過，有一百七十多年的歷史。據《金門縣誌》記載：「魁星公又稱大魁星君，亦科舉時代崇拜對象，民間對奎星爺又稱魁星爺，主文運仕途如同文昌帝君，可助士子金榜題名」。俗云：「魁星拈筆點雙魁，文昌留眼送祿來」。

《東門傳奇──金門閩南文化之美》作者在撰〈儒林輩出，主掌文運魁星爺〉時，附錄了金沙鎮萬安堂主委張雲盛兩篇有

東門傳奇——金門閩南文化之美

關的文章:〈魁星文化介紹〉和〈魁星爺的顏色〉,讓我想起陳為學校長曾說,萬安堂的文昌帝君很靈驗,考生只要拿准考證去拜拜,都會金榜題名。我確信其有,不過我認為做事、求學要成功,除了求神明保佑加持,更要靠自己精進努力。英國詩人吉卜齡(Kipling)寫給兒子的詩,詩名叫〈假如〉(if……1895年),可給我們很多的啟發:

　　——假如你能等待,而不怕等得累。

　　——假如你能夠強迫你的心、勇氣和體力,在它們早已枯竭時,為你效勞。


　　　　　　　　金門縣寫作協會理事長　楊清國　識
　　　　　　　　　　　　　　　　　　　2009/3/21

金城鎮後浦四里街道簡圖
圖片來源:金城鎮政導覽手冊(5頁)

# 現代美、故事美與歷史美

　　本校同仁王振漢老師利用課餘閒暇之時段，蒐集、探訪金門縣金城鎮「東門境」內之地理、人文、歷史、文化與聚落空間發展變遷狀況等史料共計二十餘篇彙整成冊爲《東門傳奇——金門閩南文化之美》，這真是一本不可多得的「鄉土文獻」書籍。

　　本書作者王老師之文學造詣甚深，文筆流暢，全書內涵深入淺出，容易閱讀，對陌生的非「東門里」之里民在讀完此書之後，都會有深刻的認知與意會之印象；個人在拜讀完後，也著實獲益良多，值得推介這本好書。

　　在充滿了人文薈萃、歷史典故的「東門里」境內，其重要的地方建設、名勝古蹟很多，王老師善用那敏銳獨到的眼光，通暢無阻的文筆，認真地探索描述，記載了二十幾篇文章，篇篇佳構、句句精彩，再加上插用百餘幅圖像，更是圖文並茂、內容詳實豐富；尤其提出了許多對「東門里」境內寶貴意見或看法；而且說出了很多不爲外人所知的史地沿革、典故、事故或故事等前因後果，都有很詳細的介紹與說明，可以說是鉅細靡遺，更讓讀者賞心悅目，這才發現「東門里」原來具有這麼特殊的現代美、故事美與歷史美，一應俱全。

　　誠如王老師所說的：這本書是將東門境居民的生活一一呈現出來，讓其他村里民能夠有所感受與體認，它是一本極具地方文史性的書籍。一方面除可提供居民不日欣賞閱讀，瞭解自己生活中的在地文化差異，進而愛護鄉土，保護鄉土，珍惜鄉土文化歷史資產；另一方面也可提供縣政府、文化局等相關單位作爲修編縣志、鄉鎮志等文史資料的參考依據，以能保存地方文獻的珍貴價值；更可以提供觀光旅遊當局或旅遊業者的觀光解說之參考資料，真是一舉數得。

期盼此書能儘快付梓出版，以饗廣大讀者，本書的可讀性甚高，可以細細品嘗回味，敬請各位讀者期待！個人學疏才淺，不揣簡陋，承蒙王老師抬愛，是為之序。

金門縣金城國民中學校長　楊瑞松　謹誌
98/03/20

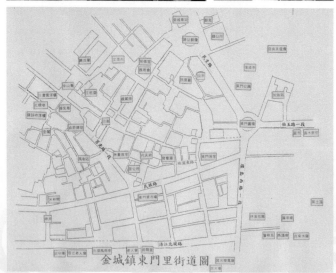

東門里觀光導覽圖。圖片來源：作者自繪

# 爲東門歷史作見證
## ──試論王振漢《東門傳奇──金門閩南文化之美》

　　繼《金門萬縷情》後，王振漢老師又推出他另一本新著《東門傳奇──金門閩南文化之美》。不可否認地，如以王老師出眾的才華、國文系所出身的背景，以及對文學的執著和熱愛，三年一本書似乎是少了一點。但若以「質」而言，我們不僅可以發覺到他下筆的嚴謹，遣詞用字的細膩和華麗，更能清楚地看到他愛鄉愛土，珍惜歷史文化資產的心志，因此，就不能在「量」的方面過於苛求。尤其《東門傳奇──金門閩南文化之美》這本書，它所涉及的是後浦東門這個區域的歷史文化，凡在書中出現的時空背景與人、事、物，都必須透過自己有限的記憶，復經細心求證和領會，始能把它書寫成章，與一般文學創作是兩個截然不同的體系。作者除了把「東門境」的人文地理做最完整的詮釋外，也同時把它的空間聚落、發展變遷，爲讀者們詳細地介紹，可說是一本文學與觀光導覽相融的作品，更是一本不可多得的文史佳作。

　　《東門傳奇──金門閩南文化之美》全書分爲二十五個章節，而令人驚歎是在每一個章節裡，作者都各賦予一個典雅的篇名，譬如：〈代天巡狩・神威顯赫池王爺〉，〈五方佛祖・制風擋煞皇帝石〉，〈臺閩古蹟・歷史建築石牌坊〉，〈三炷清香・暮鼓晨鐘靈濟寺〉，〈儒林輩出・主掌文運奎星爺〉，〈紅樓別影・中西合璧浪漫模範街〉，〈湖光山色・巍峨宮殿莒光樓〉……等等。甚至爲了讓讀者能清楚地瞭解各景點的詳細位置，並在書中首頁附了「後浦四里區域圖」、「街道簡圖」、「東門里觀光導覽圖」，以及穿插於各章節的珍貴圖片。儘管整本書是依東門的地理環境與書寫的順序來編排，但新舊時空交錯，代天巡狩與五方佛祖相輝映，臺閩古蹟與湖光

山色相映成趣,其活潑生動的內容,加上流暢的文筆、華麗的文辭,彷彿讓我們親歷其境、置身在東門的時光深邃裡。作者撰寫此書的用心可見一斑。

從書中顯示,民國初年的東門曾有上角、中角、下角之分,並分別由周永安、洪宜平、王文朝為首,三人在各自角頭各領風騷。而流傳中的「一周、二魏、三洪、四王」也訴說著東門境內各宗族姓氏的勢力消長和聲勢地位。作者並透過詳實的資料,為讀者們解說東門各個年代的不同名稱以及其坐落與地界。也就是:乾隆、道光年間,東門一直屬於十九都後浦保,民國四年設縣後則屬於第一都下,民國二十四年實施地方自治劃後浦為第一區,民國二十五年重新整編保甲,東門為後浦第一區中保甲之一。民國三十四年光復後屬於珠浦鎮四十六保之一,民國三十八年屬第二民政處四區之一,民國三十九年鄉鎮改為區,保甲改為村里,始成為全縣五十三個村里之一。民國四十年又屬金城區,民國四十二年各區改為鄉鎮時則隸屬金城鎮管轄,自民國五十四年起迄今,東門一直成為金城鎮城區四里之一。而其坐落為坐北朝南的向陽聚落,東面與榜林、東洲、后垵相望,南面直達莒光樓……等林林總總,作者均原原本本為讀者做最詳盡的介紹,讓讀者對東門這個區域,以及其歷史淵源有更深一層的瞭解。

東門境的總面積雖然只有一一五點三公頃,人口不到五千人,但卻是一個人文薈萃、充滿著文化氣息的地方。除了民主殿堂縣議會外,尚有維護治安的警察局,供應民生水電的自來水廠與莒光發電廠,象徵金門標誌的莒光樓,以及古厝洋樓,古蹟牌坊和廟宇……等等。而市場的交易亦凌駕於其他三里,早期民族路的「東門菜市場」更是聞名全縣,作者以〈如海人潮・黃金東門菜市場〉與〈觀光客的最愛・大陸街聲名響亮〉兩個篇幅來介紹它並非沒有理由的。但是,隨著駐軍的精簡,隨著環境的變遷,東門菜市場的光環已不再。可是,當我們讀

完上述兩章，從我們腦中掠過的，似乎不是市場的興衰，而是一頁活生生的庶民滄桑史。無論是代天府基金會的店屋，張氏代管的樓房，華僑陳瑞隆經營的飼料行，王氏族人捐獻的土地，東門浴室的興建與歇業，德成麵包店自創的「雞蛋椰子餅」，同裕慶和金門餅店的明爭暗鬥……等等，都做了極詳細的描述。倘若作者沒有縝密地去觀察、去領會東門的人文歷史，焉能如數家珍地把它呈現在讀者面前。尤其當我們看到爾時「陸海商行」的「陸海國仔」倒會的那幕情景，更是令人不勝唏噓，受害的鄉親可說不計其數，但又能奈何？而此時，許多善良的鄉親似乎還沒有學到教訓，殊不知部份「互助會」已變質，少數不講道義又缺乏誠信的不肖「會頭」，在有樣學樣的使然下，「倒會」事件依舊層出不窮。作者曾語重心長地說：

> 俗話說：被一塊石頭同時絆倒兩次的人，就是笨蛋。其實在社會中笨蛋何其多，人們永遠記不起他人的教訓，學不乖他人的慘痛經驗，只因為人性善良又健忘，加上眼界不高，不懂風險，及貪小便宜的作怪，終究貪小利蝕大本，血本無歸，又徒呼奈何呢？這也就是為什麼地區倒會事件層出不窮的原因了。而什麼時候人們才會真正的驚醒？或許，只要有人的社會，倒會事件將一再重演下去。

讀完這段充滿著無奈的言詞，除了讓我們感慨萬千外，彷彿也看到一則啟發人性的醒世箴言。冀望善良的鄉親往後能睜大眼睛慎選會頭，真正發揮「互助會」的功能，千萬別貪圖小利，以免讓那些心存不軌的不肖會頭得逞。

當我們進入到〈代天巡狩‧神威顯赫池王爺〉這個篇章時，呈現在我們眼前的，並非只是單純的文史記錄，而是一篇文史與文學相融合的報導文學。根據統計，全縣的王爺廟約有五十七座之多，其中以新頭「伍德宮」所祀的「蘇王爺」及東門「代天府」的「池王爺」香火最為鼎盛。代天府建於明萬曆年間，居民也稱它為「王爺宮」，迄今已有四百餘年歷史，我

們也可以由內殿一副楹聯略知它的淵源。

> 府中祀溫池共仰巍峨千歲殿
> 廟畔臨山海同霑嚇濯王爺宮

宮內雖然主祀「溫府王爺」、「金府王爺」和「池府王爺」，但池王爺之神駕威靈顯赫，素為善男信女所敬仰，或許與其文武兼備（文科中舉人，武科中進士），殉身救漳郡生靈有相當的關聯。因此在這個章節裡，卻也讓我們看到一個動人的傳奇故事——

相傳池王爺生於明萬曆三年，名然，字逢春，號德誠，文科中舉人，武科中進士，後調任漳州府道臺時，在中途巧遇瘟神商議某日將毒放置在漳郡，池王爺知其為瘟神，於是就請觀其藥，因用智取瘟藥而吞食入肚中，頃刻毒發面黑而身亡，結果殉身而救漳郡生靈。後漳郡耆老於夢中得知，王爺並現身像於里社，後附人身而顯靈，鄉人受其仁德感動，於是為王爺塑像立祀，復獲玉帝敕封為「代天巡狩」……。

即使這則傳奇故事，輾轉傳述自福建同安馬巷伍甲尾的「元威殿」，亦有些微添飾的神話色彩，但它附會於史實則是無可置疑的。我們似乎也可以從它流傳的史話、建廟的年代、鼎盛的香火，來印證池王爺神威的顯赫。

在這個篇章中，除了代天府外，作者又把筆觸延伸到農曆四月十二城隍遷治紀念日。初讀時或許會覺得作者把書寫範圍擴大到東門境之外，但細讀後卻讓我們明瞭到作者是以東門境「值爐」（俗稱做頭家）的出發點來敘述。當我們看到書中的圖片時，也彷彿看到一個浩浩蕩蕩、旗海飄揚、鑼鼓喧天、炮聲四起的遊行隊伍，以及一手持香，一手持「黑令旗」與「令劍」的「乩童」緊隨在「神輦」後的熱鬧場面。作者在四月十二後，卻又緊接著七月十七東門普渡日，無論是被尊稱為

「普渡公」的「大士爺」或幫王爺宮「公普」的「囤仔桌」，協助祭拜「好兄弟」的「私普」，與「乞觀音」……等等，作者均能把它的來龍去脈做最完整的詮釋；甚至農曆七月十七日，東門普渡日應備的桌次地點亦有極其細微的描述。例如：「公普一桌，私普八桌；代天府廟內，坐座。代天府宮埕（囤仔普）、外菜市、巷仔內、模範街、巴刹、皇帝石、石坊腳、舊浴室邊、魚市場。旗旛三層，於迴龍宮旁。」倘若對民間信仰沒有一點概念的話，是難以把它書寫得那麼生動靈活的。

繼而地我們來看〈金門篩公店──道士館〉。在這個篇章裡，首先我們必須針對「篩公店」的「篩」字提出不同的看法，即使作者是以語音相同的國語「篩公」來取代閩南語的「師公」，然若依國立編譯館主編的《臺灣閩南語辭典》與一般《國語辭典》相對照，「篩」字的解釋都是有密孔的竹器，可以漏下細的，留下粗的，叫「篩子」。但「篩子」亦有大小之分，大一點的我們金門人稱它為「篩仔」，小一點、孔較密的為「篩斗」，篩子上的小孔則稱「篩斗目」。雖然我們知道作者的用意是取國語的「篩」音，以便於稱呼，但既然已有「師公」（道士）、「師姑」（道姑）、「師仔」（學徒）、「塗水師」（泥水匠）……等「師」字的用法，建議王老師，就讓「篩公店」回歸到「師公店」。雖然這只是筆者個人的看法，但當我們進入到正題時，的確不得不佩服作者撰寫此文的用心。放眼檯面上的文史工作者，以及地區所出版的各類文史書籍，幾乎未曾見到以「師公」或「師公店」為主題的任何文本，倘若說有，也只是點到而已，以專題來探討的或許只有王老師這一篇。即使「金門師公店」這篇文章不能稱為經典，但說它是浯島文史「師公篇」之先驅並無不妥。

「師公」對我們來說一點也不陌生，無論是宮廟作醮、宗祠奠安、農曆七月普渡、超渡唸誦經文……等，均可看到他們的身影。然而如果對「道教」之教義或所穿之道袍、頭冠沒有

一點慨念的話，「師公」與「法師」往往會讓我們混淆不清。原來師公在一日醮身穿的是繡有八卦之道服，二日醮以上則穿著絳衣（大服，又稱大印），所戴之頭冠又稱「正一」，可行醮事廟會與牽亡齋事功德法會等。而法師則是額戴幃帽，打赤腳，腰繫紅裙，僅能以醮事廟會為主，最多只能作二日醮，其地位遜於師公。在這個篇章中，作者不僅為我們介紹座落於東門民族路的「金門道士館」，也同時把金門在地的師公和法師，以及他們所屬的壇別一一為讀者介紹。例如：師公方面，金城陳仲茛「普照壇」、陳仲荊「集真壇」，金寧李雲標「玉堂壇」，金沙吳明湖「正一妙化壇」；法師方面，金城翁炳南「明法壇」，金寧陳梅濤「混元壇」，金湖陳金鑫「贊化雷壇」，烈嶼洪俊德「應玄壇」、陳通順「守玄壇」等等。而當我們讀完文中各節，卻也讓我們有如此的聯想：作者與陳仲茛道長絕非泛泛之交，要不，陳道長豈會輕易地把其遊三界（天界、水界、陰界）的事告訴他？甚至「在龍王的水仙宮，曾看到五尊龍王和千艘萬艘的龍船；陰府也遊過；天界只去過一部份就被神擋下來」的「天機」，毫不隱瞞地坦誠相告。君應知：「天機不可洩露」啊！

〈臺閩古蹟‧歷史建築石牌坊〉書寫的是一級古蹟「欽旌節孝坊」。眾所皆知，這座牌坊是表彰清朝建威將軍邱良功母親許氏含辛茹苦、守節撫孤的堅貞志節。作者在該文著墨最深的或許是整座牌坊的主體建築，以及施工時的情景；當然，還有隱藏在裡面的小故事，如果沒有透過作者的筆觸適時給予點出，絕對有許許多多人不知道牌坊上還有那麼多不欲人知的典故。而最為人稱道的或許是：

第二個頂檐上有一圖像，這是漢朝名相楊震，左邊有一人拿金元寶在賄賂他，以為沒人知道，楊震卻說有四人知道，那就是天知、地知、你知、我知。另一個圖案有兩隻羊，有人穿著匈奴的服裝，這就是蘇武牧羊。用楊震拒絕賄賂的畫與蘇武

牧羊的畫，都有貞節的象徵意義，以此來凸顯邱母的節操。

文中尚提到石獅受到日月精華的照射，代表邱母許氏顯靈的傳說，以及神明、神輿遊街時必須繞道，不得從石坊下穿過，因為「欽旌節孝」是紀念女性的，而神明、菩薩豈可從婦女胯下經過。看完這一章，不管讀者作何解讀，但至少，它沒有背離史實，作者亦無杜撰的必要，其可貴處或許就在此。

當作者帶我們來到「靈濟寺」也是俗稱的「觀音亭」時，首先進入耳際的彷彿是那悠揚的梵音，而顯現在眼簾的則是線香裊裊的清煙。在〈三炷清香・暮鼓晨鐘靈濟寺〉這個單元，作者所花費的心思不亞於其他篇章，因為他已從「代天府」與「師公店」的「道教」世界，進入到「靈濟古寺」的「佛教」領域裡。觀音亭主祀的除了「觀世音菩薩」外，尚有守護神「韋馱菩薩」、「伽藍勝尊」，以及「善財童子」、「龍女」和「彌勒佛」，陪祀在兩旁的則是「十八羅漢」。或許，十八羅漢對一般信眾來說並不陌生，但能夠把祂們的稱謂全部記下來或唸出口的可能不多。有關羅漢的說法，坊間也有不同的版本，其命名亦有所不同，作者是根據靈濟寺住持惟德老和尚的說辭加以記錄的。為了加深讀者的印象以及印證不同的命名，確有加以對照的必要。觀音亭的十八羅漢分別是：

跋陀羅尊者、賓渡羅拔羅隨闍尊者、伐闍羅佛多尊者、注茶半迦尊者、達摩尊者、迦里迦尊者、理不動尊者、誌公禪師、伐那婆斯尊者、得佛智尊者、梁武帝、因揭陀尊者、那提迦葉尊者、阿氏多尊者、迦羅伐嗟尊者、那迦犀那尊者、巴沽拉尊者、半托迦尊者。

筆者為了印證不同的命名版本，曾請教新市里「護國寺」俗稱「佛祖宮」的釋自信法師。據法師相告，佛祖宮的十八羅漢為：

老僧尊者、不求尊者、進果尊者、誌公尊者、開心尊者、戲獅尊者、飛缽尊者、達摩尊者、長眉尊者、進燈尊者、目蓮尊者、布袋尊者、進花尊者、觀經尊者、伏虎尊者、降龍尊者、進香尊者、梁帝尊者。

為了慎重起見，又請友人把「海印寺」十八羅漢的名稱抄錄如下：

賓度羅跋墮闍尊者、迦諾迦跋釐墮闍尊者、注荼半託迦尊者、羅怙羅尊者、戌博迦尊者、因揭陀尊者、阿氏多尊者、伐羅婆斯尊者、蘇頻陀尊者、龍武尊者、半託迦尊者、誌公尊者、迦諾迦伐蹉尊者、跋陀羅尊者、那伽犀那尊者、迦理迦尊者、代闍那弗羅尊者、諾距羅尊者。

由此可見，東門境的靈濟寺、新市里的護國寺，以及太武山的海印寺，雖然同在一個島嶼，其十八羅漢的命名，不知何故竟有明顯的差異，只有待方家來解釋了。然而在該章裡，除了觀音大士與十八羅漢外，作者對靈濟古寺不同年代發生的不同事端和傳說，也為讀者作了鉅細靡遺的詮釋；對惟德老和尚的生平軼事亦有不少的著墨，確實已盡到一個文史作家應有的職責。然而從作者訂定的篇目中，我們似乎也可以發現到，他欲表達的並非只是單一的景物或事項。譬如：〈代天巡狩‧神威顯赫池王爺〉裡的「東門社區發展協會」；〈三炷清香‧暮鼓晨鐘靈濟寺〉裡的「泉發汽水廠」；〈儒林輩出‧主掌文運奎星爺〉裡的「陳詩吟洋樓」與「王氏洋樓」，作者均運用其巧妙的書寫手法，把周遭的景物穿插其中，如此更能凸顯出多元的歷史文化。

總括說來，《東門傳奇——金門閩南文化之美》是一本深具水準與可看性相當高的作品，筆者雖然不能針對書中的每一篇

文章一一加以介紹和分析，但作者把後浦東門最重要的人文歷史融入其中已是不爭的事實。誠然它不是一本曠世之作，亦非王振漢老師最滿意的作品，然而，王老師所投入的時間、精神與花費的心血，則是有目共睹的。讀者們若想更深一層瞭解後浦東門的歷史文化，若想到人文薈萃、景致怡人的東門作客，一旦看完《東門傳奇——金門閩南文化之美》這本融合著文學、文史與觀光導覽的書，絕對能滿足諸君的欲望。

　　王振漢老師早年曾以「震撼」與「山農」筆名發表作品，書寫的文別大抵有「金門憶舊」、「感恩的故事」、「地方傳奇」、「咱的俗語話」等等。其用意或許是試圖透過他的作品，來喚醒鄉親共同的記憶，重溫往日馨香馥郁的島嶼之夢。王老師畢業於師大國文系，又在國研所暑修，復獲銘傳大學碩士學位，現任金城國中教師，是名符其實的科班出身，也是浯島文壇的佼佼者。他思維縝密、學有專精，見聞廣博、文筆流暢，因而更豐富他作品的內涵，讓人留下深刻的印象。王老師前曾以〈鳶飛月窟地，魚躍海中天〉榮獲金門地區第二屆文藝金像獎散文類最高獎項。其作品〈送菜的日子〉、〈烏鐵的傳奇〉、〈記憶中的兒童橋〉在《浯江副刊》刊載時，亦曾引起廣大讀者的共鳴和回響。倘若以嚴肅的文學觀點而言，王老師的第一本書《金門萬縷情》偏重於感恩、回顧與童年往事的書寫，除了鋪陳一股濃濃的鄉土情懷外，亦是一本充滿著感性的文學佳作。而《東門傳奇》這本書，並非用「傳奇」兩字即可含蓋整個文本的，從該書的架構與內容觀之，如果說王振漢老師是以他嚴謹的文學之筆，為後浦東門寫歷史並不為過。因此我們認為：《東門傳奇——金門閩南文化之美》這本書的出版，必有它存在與流傳的普世價值。

陳長慶於金門新市里
**98/03**

## 壹
## 緒 言

兩百多年前，王氏第十三世始祖鄉欽貢再皆公，自后盤山遷徙至後浦東門枝繁葉茂，於茲近八代。如同許許多多各姓氏始祖先來後到卜居後浦東門。目前東門里多達數十個姓氏，其中以陳姓、許姓、洪姓、黃姓、王姓、林姓等為前五名。總人口數為四千二百二十人（民國九十八年二月底止），其中男性二千一百七十七人，女性二千零四十三人，並逐日增加中。

現在東門里已是一個多姓的聚落，落居此地的眾多姓氏及其子孫可說是道道地地的東門人。

總面積約一一五點三公頃的東門里，人文薈萃；這裡有象徵金門標誌的巍峨莒光樓，民主殿堂的縣議會，維護治安的縣警局，供應民生無虞的自來水廠、莒光發電廠；古厝洋樓交織，古蹟牌坊廟宇增輝，充滿文化氣息；小吃零嘴、賣場超市，以及加油站門庭若市，市場交易熱絡，可說是生機無窮、經濟活絡的一個住商辦的混合區。

據金門縣志載：自明洪武元年浯洲（金門）隸屬同安翔風里，至清康熙十九年間總兵陳龍以金門城所人煙稀少，二年後不得不將城所移駐後浦，後浦始分有：東、西、南、北門及水門等境界。乾隆、道光年間改隸屬馬巷翔風里，東門一直屬於十九都後浦保。民國四年設縣後則屬於第一都下，民國二十四年，本縣實施

地方自治劃後浦爲第一區。民國二十五年區域重新整編保甲，東門爲後浦第一區中保甲之一。民國三十四年光復後屬於珠浦鎮，爲四十六保之一。民國三十八年國民政府民政時期屬於第二民政處四區之一。民國三十九年行政公署時期如舊，鄉鎮改爲區，保甲改爲村里，成爲全縣五十三個村里之一。民國四十年七月又屬金城區，民國四十二年，將各區改爲鄉鎮時則隸屬金城鎮管轄，自民國五十四年起迄今，後浦東門境一直成爲金城鎮城區四里之一。

後浦城的龍脈是從重安山發源而來，直至陳厝埔（許厝墓）、昭德宮、總兵署一帶龍脈才停止，而形成所謂龍頭格局，東門里正背倚龍頭面臨浯江溪，似是一個開口的畚箕，開發甚早，早年浯江溪舟楫可遠達后垵，富有舟楫之利。又因是在後浦城之東面位置，故名爲東門，相沿至今。

東門里既是一坐北朝南向陽的聚落，東面則以工業區的縣農會加工廠、東洲路和林湖路和金山路與金寧鄉的榜林、東洲、后垵相望。西面以莒光湖、民族路一四六號「米粉間」和民族路一四八巷接珠浦東路二十一巷，再接珠浦東路四十三號正對面即是奎星樓與南門里爲址，另接莒光路二十九巷、六十三巷再接莒光路（中街）分別與南門里和北門相隔。南面緊鄰浯江溪水，最南直達莒光樓，以環島西路、「豬母溝」與庵前爲臨。北面較高以珠浦東路四巷和民生路與北門里爲界。

根據史誌記載周姓、魏姓於明朝時早已定居東門，後來馮姓、蘇姓、姜姓、文姓、陳姓、許姓等等陸續遷入東門，在明末清初之際東門境中以許氏的土地最多，面積最廣，俗諺謂：「姓許住後浦」如現在的中正國小、田仔內、同安渡頭、石門內、莒光樓附近、和現在的許厝墓、民族路seven起一直到南門媽祖廟一帶土地曾皆爲許氏宗親所有，後來滄海桑田，人事變遷，陸陸續續賣出，部分佃賣給各姓族人，而繁衍如今眾姓聚居的樣態。這也就是民間所流傳的「一業五百主」的說法。

民國初年東門曾分有三角：上角，以周永安爲首；中角，以洪宜平爲首；下角以王文朝爲首，此三位在當時互爲角頭各領風騷，爲居民所尊敬。

而流傳中所謂的：「一周、二魏、三蘇、四王」或「一周、二魏、三洪、四王」的稱呼，曾經訴說了東門境內各宗族姓氏的勢力消長，以及在境內的聲勢地位，和整個東門歷史空間發展的變遷軌跡與樣貌。周姓當時允文允武，名重一方，魏姓佔有東門里肥沃土地，蘇、洪姓後來居上，王姓則緊追其後。

如果從建廟已有四百多年歷史的代天府（王爺宮）談起，恰巧可將整個東門里作一個環狀的巡禮。

# 代天巡狩・神威顯赫池王爺

**東**門代天府廣場前曾有一魚池塘（鰱魚池），清朝時池塘邊曾是兵防「更垛」的所在，更垛上有一「望日樓」，可惜在同治時裁營後就傾圮無跡了。池東西岸各有一株高大蒼鬱的榕樹。民國五十一年填平池後，一部份闢為民族路，另一部份興建為東門菜市場。

聞名全縣的東門代天府

代天府在國軍進駐時曾是憲兵隊的警衛室，而鄰近的王氏宗祠則是憲兵司令部，洪氏古厝則是憲兵連的所在。代天府曾歷經多次整修，其中於民國卅三年遭受日本飛機轟炸受創嚴重，乃於民國五十四年籌資翻建，最近一次在民國八十年重建完工，廟宇仿效宮殿式水泥鋼筋構造，屋頂天花板採用斗栱型制，藻井繁複，象徵有「明鏡高懸」之意，雕樑畫棟，氣勢雄偉，美輪美奐，是東門里住民的信仰中心，平日交誼聚會的處所，也是里民信眾信仰膜拜的廟宇之一。

東門里代天府，俗稱（王爺宮）：始建於明朝萬曆年間，迄今已有四百餘年的歷史。由內殿一副聯語「府中祀溫池共仰巍峨千歲殿，廟畔臨山海同霑嚇濯王爺宮。」略知代天府的歷史。宮中主祀溫府王爺、金府王爺和池府王爺，以池王爺神駕威靈顯赫，遠播四方，最為人們所樂道。其中又可分為大王、

上：溫王爺神姿
中：池王爺金身像
下：戊子年才回殿的
　　金王爺金身像

二王、三王等，三王如兄如弟、各司其職、庇祐眾生。

金門地區王爺廟就有五十七座之多，在民間奉祀王爺中佔各神第一位，由「大尊的王爺公，小尊的王爺子。」這兩句話可知一斑。金門的神明，其中一部份指的是各不同姓氏的王爺，王爺又稱千歲、元帥、大人、將軍，隸屬於中央管轄，是代天巡狩和玉帝的使者，配有五營神軍、神馬以支助維持陰陽界的綱紀秩序。

地區所奉祀的王爺姓氏各自不同，據統計有四十幾種姓氏，有所謂「三府王爺」、「四王爺」、「五府王爺」、「六姓府」等等之別稱。

在眾多的王爺廟中，以池姓、蘇姓王爺為最多，雖傳說各自不同，但與瘟神信仰的關係極為密切。有關各姓王爺的傳說，不同姓氏之組合，流轉著各自不同的傳說故事，但大都附會於名將忠臣、列傳神仙人物，有的也與瘟神有關。如相傳唐玄宗時有文科及第三百六十位進士，奸臣正思欲加害該及第進士時，苦無機會，恰巧玄宗欲試張天師咒法，奸臣幸得良機，隨即奏請玄宗，依計奉召三百六十進士於地下室吹奏笙樂。時玄宗皇帝對張天師問道：「此地是陽界？抑是陰界？」天師道：「是陽界」玄宗怒道：「卿差矣！此乃陰界，群魔奏樂，卿可祛除？」於是天

師施展法術，拔劍指地，魂歸離憾天，及第進士遂無一活存。玄宗憐憫，愧疚不已，又恐冤魂對自己不利，於是建廟祭祀，並追贈祂們爲王爺。

代天府重建碑紀

因此，王爺信仰大多環繞在代民受罪，吞食瘟藥的母題上。最初，人們把王爺當作瘟神，都以敬畏的心情祭拜。後來，逐漸從瘟神訛化轉變爲兼掌司法及民間祈求健康平安的保護神。直到今天，王爺仍是地區最重要的保生神明，也是多數村莊里社的守護神。

相傳東門里代天府池王爺分靈自大陸同安馬巷元威殿。池王爺生於明萬曆三年（西元一五七五年），名然，字逢春，號德誠，又名連陞，文科中舉人，武科中進士，後調任漳州府道臺時，在中途巧遇瘟神商議某日將毒放置在漳郡，池王爺知其爲瘟神，於是就請觀其藥，因用智取瘟藥而吞食入肚中，頃刻毒發面黑而身亡，結果殉身而救漳郡生靈。後漳郡耆老於夢中得知，王爺並現身像於里社，後附人身而顯靈，鄉人受其仁德感動，於是爲王爺塑像立祀，靈應異常，香火鼎盛，第二年始建元威殿祀之，玉帝敕封爲「代天巡狩」。目前馬巷元威殿除奉祀主神池王爺外，最特殊的是一尊坐姿的軟身池王爺金身像。

傳說池王爺每次回府臨壇，就從南門的萬神爺宮旁的海岸走上來，一路沿著南門街、中街、下街、觀音亭街直到代天府，而且府中香爐自然有縷縷檀香飄散出來。

農曆九月初六日是代天府金王爺的千秋日，一百多年前金王爺被洪姓民眾祈請回家供奉，其間洪姓族人遷居新加坡，金王爺一直沒有回到代天府，直到九十七年由其族人將王爺金身送至大陸重新裝金身，並在馬巷祖廟元威殿請示池王爺，奉池王爺乩示：金王爺該回到代天府內，並訂於農曆十月初八日

貳、代天巡狩・神威顯赫池王爺

溫府二王爺千秋日舉行回府典禮。因此代天府基金會依指示以大鼓、鑼陣、神輦迎接回府。從此歷史上以及鄉老流傳代天府原是供奉「溫金池王爺」，自此得到圓滿。未來要將已完成的「溫池府王爺」的牌匾，改爲「溫金池王爺」。

另外這些王爺如果濟世因緣具足，得到玉皇大帝同意，就會進行採乩，採有緣人成爲乩童，再透過乩童乩示保護村境，或乩示個人請示的家庭、事業、健康等的解決方法。

一般而言，成爲乩童的原因：一是王爺爲臨壇濟世所需而自行挑選的；一是有人因爲身體上難解之病症而誠心祈求王爺收爲乩身；一是自行經過特殊訓練而成爲通靈之乩童。三種乩童當然是以前兩者爲依神的旨意而採乩，所採之乩童不是生命上出現有重大關卡者，就是壽命較短的，而且被選爲乩童的人，也必須自己願意，並且要得到祖先同意。採定後王爺會呈香牒文（神明之公文）上稟東嶽大帝有關各項資料，或爲乩身辦理延壽事宜。至第三者則非出自神意，也未歷經採乩方式，而係一種法術的訓練，訓練人去通神成乩，所以在乩身的最初成因，前兩者是神找人，第三者是人找神，此時所附身之神的正邪，就會出現極大的差異性。

過去每三年東門代天府就會到馬巷元威殿「請火」乙次，曾經有一次「請火」時半路遇颱風駭浪，水路險惡，但最後人船皆平安抵達馬巷，池王爺神威顯赫可見一斑。民國三十八年國、共對峙阻絕，兩岸無法交流，直到民國八十四年七月王爺宮組成進香團都達七十多人共赴同安馬巷伍甲尾奉祀池王爺的元威殿「請火」，再續金、同兩岸千年薪火，爲開立兩岸民間交流立下了典範。

民國九十二年SARS蔓延，人心恐慌時，池王爺早在半年前乩示本境將有不淨之物侵擾，告示善男信女謹慎小心。不久，果真臺灣爆發SARS疫情，池王爺即明示境眾弟子在家戶門楣處貼符咒三道，以驅邪鎮煞，以防不淨之物入侵，保我境內眾信

張府厲王爺爐下公約

平安。除東門里住民競先索取三道符令，其他里民信士聞訊亦透過管道爭先索取，以保家戶平安，池王爺威靈顯赫，除瘟斬邪的神力受到城區四里善男信女的崇信。

代天府前的戲臺是在民國八十四年增建，除提供里民休憩之所，在王爺等諸神聖誕千秋作醮之日，則作為演戲酬謝神明之處，當日廣場前人山人海，萬人爭睹京戲（正音）、歌仔戲、高甲戲等，好不熱鬧。據鄉老說增建了戲臺，是王爺意思，為化解東門附近的災厄，這也許是民間所流傳的「宮前祖厝後」不適人居的關係吧！

代天府的諸神明威靈顯赫，庇祐境眾，目前還有池王爺神明會、大道公神明會、厲王爺神明會、大千歲、二千歲和三千歲神明會等，每當神誕日輪值爐主與眾爐下弟子聚集一堂，酬神謝恩，話家常、道平安，聯絡情誼，在早期時神明會的確曾發揮不少社會正面的角色與功能。就以厲王爺的神明會為例：在其組織中有一本輪值弟子的簿子，記載著弟子的輪值次序，與及一筆公基金（目前已有參萬多元）作為值爐弟子當年的贊助費用，待來年神明作醮日再將公基金連同簿子轉交與下任新的值爐弟子，如此移交相傳，構成一個神明會的組織。平日吉凶與嫁娶喪葬等事，透過神明會的值爐弟子通知聯絡，爐下弟子彼此出錢出力互相協助與幫忙，猶如是一個小型社會的組織網。

當神明作醮日當年值爐弟子負責通知爐下弟子相關慶典活動日期與地點，通常就是在該值爐弟子的住所舉行，必須事先聘請道士或法師以便設醮作慶典科儀的作醮活動。往往都是聘請由本境遷徙至南門里屬於正一道派的「應化壇」陳新來與及其子陳仲茛的「普照壇」和陳仲荊的「集真壇」來主持作醮唱誦科儀活動。

一早「鼓吹陣」起鼓，嗩吶、鼓、鈸、鉦、鑼吹吹打打好不熱鬧，原來是吹奏「將軍令」的曲樂，一時之間鄰里熱鬧起來，除慶祝神誕日外，一方面與眾人共享，另一方同沐神恩，共祈吉祥平安。所有爐下弟子則準備祭品金帛，手持三炷清香向神明酬謝，感謝神明一年來的庇祐。若想「進金紙」或「改運、補運」的弟子則必須另準備金帛，或進「玉帝」或進「南斗」或進「北斗」或進「閻羅」或進「地府」或進「花園」或其他神明，此時屬王爺乩身起乩出壇作法，將眾弟子的心願與酬謝透過慶典與科儀的活動一一完成。

最後在燒金紙的氤氳燼光與燃放長串鞭炮聲中，作醮慶典圓滿完成。屬王爺的慶典都是作一日醮的，而代天府的溫、池王爺則作二日醮。當慶典圓滿完成，當晚值爐弟子則宴請爐下弟子及親朋好友，感謝大家的幫忙。宴會中爐下弟子則可討論來年應興應革之事，而達到賓客皆歡的目的。

隨著工商業的繁榮與忙碌，老一輩逐漸凋碌，新的一輩又青黃不接，會員之間也日漸疏遠，神明會的組織會員亦隨年遞減，如今神明會的盛況不再，作醮慶典活動也顯得冷清，且有突兀的感覺，真是不可同日而語！

民國九十六年六月，某一天代天府發生一件令地方人士錯愕的大事：至今已有四百多年的代天府一直是鄉民膜拜崇敬之處，從未有人敢踢館。就在這一天代天府淨重千餘斤的天公爐竟被扳倒了，而且將廟內供桌、拜墊、金帛、祭品、玻璃、神像等搗毀破壞，對神明之不敬，令人髮指，引起鄉人之議論紛紛。

原來要從重建代天府說起，由於廟址要擴建需要土地，後來由黃姓族人（水金）答應捐獻黃氏部分土地，以共襄盛舉，當初代天府基金會也以捐地

建廟乃是善事功德，慨然接受，而成就今天的代天府廟貌，但就是沒將贈與的土地產權弄清楚，而至今天黃氏族人欲思收回土地，或以為代天府應以「燒金」方式象徵性以數十萬元作補償，因雙方說不攏，也無人出來對話，而造成不忍見的遺憾；另，鄉人以為事出他因，原來黃姓族人家中奉祀一尊池王爺，且黃氏族人曾在南門里某宮廟「坐禁」過，已是乩童，長久以來極思將池王爺迎入代天府供奉，但未經代天府人員答應，糾纏數年，最近因而高調放話，若不再處理，恐將對代天府有所不利，果真在基金會改選青黃不接之際，而鑄成被搗毀的不幸情事。

這件事恐將是生為人與冥冥神明者都得傷腦筋了。據說王爺也因此事不願再回府中辦事，吾人真希望有一個兩全其美的解決方案，那才是地方之福。

每年的正月十五元宵節王爺宮戲臺的猜燈謎、擲筊杯等活動往往人潮如織，但很可惜慶祝元宵節活動與鄰近的「總兵署」主辦的全縣性花燈比賽暨廣場上的猜燈謎活動撞期因而門可羅雀，如能提早或再延一二天繼續此類活動，應是相當具有意義。假如主辦單位能輔助城區四里輪流承辦每年的全縣性元宵節等民俗相關活動，那麼上局單位非但能節省不必要的同性質經費的浪費且能將民俗落實於鄉里，讓里民產生共識，認同鄉里進而為服務鄉梓，帶動該里的和諧與繁榮。

每遇農曆的「四月十二」城隍爺遷治紀念日，是境內重大的喜事，又逢值爐時，境內里民紛紛放下手邊工作主動參與，頓時王爺宮熱鬧起來，穿梭不停的善男信女往宮裡虔誠膜拜，香煙裊裊，期望無限。宮前廣場早已擺出雕琢精美、彩繪輝煌的各王爺神輦，神輦上頭插著神氣十足的精繡三角形旗幟，已在風中飄迎飛舞。而「蜈蚣座」是遊行隊伍的重頭戲，它是數十年來從不缺席的活動項目之一，是萬人爭睹最具看頭的。只見孩童裝扮成各類古裝人物造型，可愛純真最是引人注目，常常博得滿堂彩。

相傳迓蜈蚣座，乃藉蜈蚣為百蟲之劇毒，而可壓勝以驅邪避凶，乘坐之扮相孩童將受其護祐。

當遊行隊浩浩蕩蕩出發時，迎面而來的陣容是旗海飄揚、鑼鼓喧天、炮聲四起，耀武揚威的神輦魚貫而出。令人敬畏的一手持香，一手持黑令旗與令劍的乩童隨行在後，巡行所到之處，善女信男人人雙手緊握清香，心中祝禱，無不虔誠再三膜拜，祈求王爺神明能庇佑全家大小平安康健。

萬人爭睹的東門境「蜈蚣座」

因為每四年為一大迎（閏年），其餘為小迎，大迎小迎路線則有所不同。但東西南北里四境隊伍一定先集結至城隍廟前，再由城隍廟前出發，依照路線前進，最後再回到原來的出發點（王爺宮），結束圓滿的四月十二慶典活動。

每年乙次的巡行活動，若主持事的城隍廟的董事會在開協調會時，能以創意為主並鼓勵城區四里各陣頭不斷充實改進與創新參與活動，或經由觀摩評比辦法選出最佳創意隊伍等獎項，頒給獎狀或不等的獎金鼓勵，不但可減少年年千篇一律遊行的陣頭與隊伍內容，肯定將使整個巡行活動隊伍更具多采多姿的內涵與可看性，而將此「四月十二」的民俗慶典活動與觀光相結合而企劃行銷，更能吸引外來的觀光客，並帶動無數商機。值此打造金門品牌，永續經營觀光產業之際，執事者若肯用心必將有無窮的裨益。

「三月二十三，媽祖生」王爺宮也配合境內信眾，只是參與巡行活動的規模和人數較少。

　　媽祖生日為農曆三月廿三日，但是金城鎮市區迎媽祖通常提前三天，與昭德宮蘇府四千歲（秦四王爺）一起過生日，神明逗陣出巡更熱鬧。天后宮媽祖、南門天后宮媽祖和城區四境守護神等連同各種陣頭，匯集在金門縣商業會廣場，現場鑼鼓喧天，神氣十足。

　　另外農曆七月十七日，是東門里的普渡日，是日里民家家戶戶「拜門口」，門口前擺桌置放豐盛祭品、金帛，祭拜好兄弟，並準備臉盆、毛巾、牙刷、牙膏，為好兄弟洗塵，祈請好兄弟接受人間的饗宴。另外東門菜市場的商家暨周遭住戶則以農曆七月二十四日普渡「拜門口」，在市場中設有普渡桌，並作醮一日以祭拜好兄弟。

　　聞名全境之「囝仔桌」最具普渡民俗活動的特色，據說「囝仔桌」一方面是幫忙王爺宮的「公普」（逗熱鬧），一方面也是協助祭拜好兄弟的「私普」。「私普」的地點就在住家的附近空曠處。譬如這一區塊有人居住，難免就有一些遊魂孤鬼在，因此十幾二十幾戶人家合作共出祭品、金帛，做些好事，祭拜無祀的孤魂兄弟，讓它們能接受人間的供養，而形成現在分布在各角落的的普渡桌。

　　普渡的起源難於考察，歷史應該至少也有千年以上，在東門境內有私普和公普之分；代天府王爺宮算是全境的公普，

左：「媽祖」神輦
右：普渡榜文

而新的社區也有增設，譬如龍門大鎮社區本來要依附在榜林村內，但榜林村民不同意，自己也就成立普渡桌了。

　　談起東門里的普渡可謂是城區四里最熱鬧的，除了白天在北堤路的迴龍宮旁的水閘門邊豎起燈幡，豎幡的作用在以標示普渡活動的範圍與訊息，若幡的長度與層次愈長，代表這普渡的範圍很廣，幡有長達七、九、十三層者，像金寧鄉的湖下長達十三層，也表示該地普渡的範圍甚大，否則只是一個幡頭而已。這都是祈請神明與招鬼魂的儀式，告知祭典且已就序，敬邀四方神明與十方孤魂蒞臨同霑超渡法喜，共享供品，受人間煙火，聘請道士念誦經懺，並予與化食。

　　每年普渡乙次，這是怨無沒怨少的，以使地方平安。在農曆十七晚上整個東門里就包含有代天府的普渡桌，以及府前的「囝仔桌」，另外在民族路的漁會旁的普渡桌，和民族路另一頭（舊浴室附近）的普渡桌，再來就是由王姓負責風制石旁的普渡桌，和近網寮的珠浦東路二十一巷十八號門口埕由蔡姓負責的普渡桌，以及石牌坊的普渡桌、再來是模範街街心的普渡桌，舊巴剎的普渡桌，最後是在許厝墓邊舊老人會會址交界的的普渡桌，而奎星樓邊的普渡桌在近年已停桌，似併入風制石的普渡桌。

　　東門境地方雖不大，但各地方普渡日也不盡相同，如以東門菜市為主的攤販和周遭的商家住戶，則拜農曆二十四日，在巴剎內設有普渡桌，供奉大士爺神像，且必須作一日醮的活動。

　　農曆二十五日則是扛橋巷、中山臺（衙門口街）的普渡，這兩處皆聘請道士入座，並作化食儀式，比較特別溫馨的是中山臺普渡桌上置放一盤用麵粉作成類似人類手腳形狀的粿仔，以供好兄弟們補

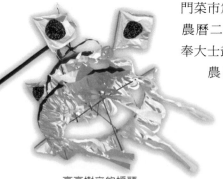

高高樹立的幡頭

其身體殘缺所需。觀音亭街的普渡日，則是在農曆七月二十七日晚上，（俗稱七月二十七觀音普）一處在觀音亭廟前，一處就在廟前相距五、六十公尺處，這兩處也算是很早以前就存在，相沿至今，廟前普渡桌以觀音亭惟德法師誦經懺的佛教儀式為主。

七月中元節的「普渡公」，相傳乃是臉龐深青色的「大士爺」，又稱「面然」大士。「面然」的意思就是臉長得很猙獰，是惡鬼的頭目，「面然」鬼王乃觀世音菩薩為救渡餓鬼道眾生所化現，故又稱「觀音化大士」或「焦面大士」（佛教在畜生道渡化眾生的怒相）。

「大士爺」曾經常率手下為非作歹，使人間

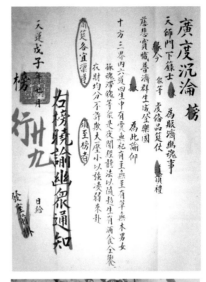

上：廣渡沉淪榜
下：「大士爺」（葉鈞培老師提供）

擾攘不安，後由觀音菩薩降伏，從此棄邪歸正，因此在「大士爺」頭頂上立有觀音菩薩像，而在普渡期間特請內慈外威面目猙獰金剛忿怒尊的「大士爺」來鎮壓鬼魂，請祂管理普渡時的眾鬼魂兄弟，不許鬼魂在人間作亂。

儘管大士爺的由來，眾說紛紜，但這不是里民關心的問題，重要的是，農曆七月普渡祭祀大士爺的儀式，已經成為民

左：觀世音與大士爺。右：「看桌」擺飾

間傳統信仰的活動之一。也不管是佛，是道，皆是藉著普渡儀
式，以傳達慈悲、普渡孤魂、發揚善道，祈求合境平安的意義。

　　在東門里供奉大士爺有三處，一處是王爺宮公普的木雕的
大士爺神像；另一處是王爺宮前廣場「囝仔桌」以紙糊而成的
大士爺的神尊，再來是二十四日菜市場內的普渡木雕大士爺神
像。其他的普渡桌上則供奉有木雕或紙糊的「觀音媽」供善男
信女祭拜。

　　在當晚共有九處普渡桌同時舉行，加上家家戶戶門口掛著
寫有「七月流火」、「慶讚中元」字樣的萬盞「普渡公燈」燈
火，迤邐點綴在大街小巷中，串串燈火照亮了夜空，整個東門
已成不夜之城，只見川流不息的遊人，人人都道看普渡回。

　　因為每一處的普渡桌，里民也稱「看桌」，因為彼此極盡
能事且嘔心絞腦擺出各種爭奇鬥艷不同的花樣與祭品，暗地裡
在競爭，誰也不想失了面子：有山珍海味、水陸珍饈、五湖四
海，更不乏八大碗、八小碗的祭品，紅龜粿、畢頭粿……以及
祭品插上印有「慶讚中元」的三角紙旗，堆疊如山的蓮花座、
金箔冥紙，希望以最虔誠的心供養大士爺與及十方的孤魂野鬼
好兄弟，讓祂們接受人間的酬酢。但是，現在隨著工商業的發
達，已經看不到早時用燙熱的紅蠟燭流液，倒入水中令其在水
中泗溢奔放冷卻凝固後，取出來則出現自然的各種唯妙唯肖的

山水、動物、植物……等鬼斧神工的造型擺飾品，這雖不是什麼的藝術品，但看到里民以最虔誠的行動表達對十方靈界兄弟們的敬意，不得不令人敬佩。

　　當晚另一個重頭戲，就是必須延聘道士在宮前作法唸誦經懺「化食」，這些供品皆由輪值的居民提供，除此特別準備一盤用麵粉作成的圓形餅，一盤用麵粉製成的「佛手包」，類似人身體的四肢手或腳的造型，經由道士誦經施法後，傳說可供肢體殘缺或不良於行的好兄弟們作為義肢，以方便行走。儀式結束後，一行人敲鑼打鼓，由當境老大或值爐者手擎持香炷，道士隨後一一來到普渡桌前安慰化食後，隨即可準備擲筊「觀音媽」或燒金紙。當夜戌時前眾信士擲筊「觀音媽」，最是高潮熱鬧的，據說擲筊了「觀音媽」請回家供奉。那麼未來一整年裡將得到「觀音媽」的庇佑，所以聚集很多人爭先恐後擲筊。經過幾輪之後，以擲筊杯數最多者獲勝，成為來年的「新頭」，將「觀音媽」請回家供奉，庇祐一整年的健康平安、闔家順遂。另有一說，如欲生男孩，可乞回「觀音媽」返家供奉，來年必生男孩（孫）。

　　據說供奉觀音媽是後來才設的，就是這個角落弄個觀音媽來拜，以增加熱鬧氣氛，但是有些

上：道士施「佛手包」與好兄弟
下：乞「觀音媽」

地方如鄉下就沒有供奉了，其實雕刻個觀音媽讓這角落範圍的人們來拜平安、祈願也是相當不錯的主意。

進入深夜，活動即將告尾聲，開始焚燒金帛冥紙，如小山般的金紙在熊熊火光中，煙霧直沖雲霄，火舌接天，人們在赤烈火光的輝映下，臉上泛著滿足與溫馨的笑意。

而長長的鞭炮與煙火聲光火花四射，劃破漆黑的夜空，更將普渡活動帶到最高點。就在這種民俗活動進行中，儼然已護佑著人間的五穀豐登、國泰平安。雖然是資訊科技時代的今日，但燒金拜拜、拜佛祀神、普渡遊魂這依然是人們心中最起碼的民間宗教信仰，也是里民心靈上最基本的欲求。

## 七月普渡東門境普渡桌分布情形一覽表：

| 普渡境 | 日期（農曆）地點 | 備註 |
|---|---|---|
| 東門境 | 十七：東門 | 公普一桌，私普八桌：代天府廟內，坐座。代天府宮埕（囝仔普）、外菜市、巷仔內、模範街、巴剎、皇帝石、石坊腳、舊浴室邊、魚市邊。旗旛三層，於迴龍宮旁。 |
| | 十八：中街 | 街普三桌。 |
| | 廿四：菜市場 | 街普一桌，坐座。 |
| | 廿四：衙口街 | 街普一桌，乞觀音，坐座。 |
| | 廿五：轎巷 | 街普一桌，坐座。 |
| | 廿七：觀音亭街 | 街普兩桌（佛桌一桌），坐座。 |

最近由文化局在城區為家戶裝設的普渡燈，每到黃昏傍晚時分千盞萬盞的普渡燈海往路頭無限蜿蜒而去，甚是美麗又帶幾分溫馨浪漫的氣息，只可惜材質不耐久，美意反增失色。

現在東門代天府設有財團法人基金會，負責管理整個王

爺宮財務及宮廟庶務等的運作，代天府基金會名下產業有左手邊的出租店屋乙棟，右手邊有民國五十三年，民眾義務勞動興建的東門里辦公處，戲臺下的出租店屋，民國五十一年填平魚池興建的東門菜市場內的商店及豬肉攤位，許厝墓邊遺留因財務問題僅建地下一樓而尚未完成的部分土地，舊的長青會會址等。只可惜基金會的功能受限於主事者觀念與意識型態，加上各基金會成員素質不一，理念不同，未能與時俱進為東門里民擬出願景，發揮該有的非營利組織的功能與角色，讓有識之士，深嘆不已。再且經過數次修建的王爺宮的神像或文物闕如，或保存不善，或甚少整理歸檔，也令人憂心有關代天府文物蒐集的後續保存文化工作。

另外，東門里立案的「東門里社區發展協會」，成立於八十六年九月廿五日。星期假日時常可聽到免費量血壓服務的播音。雖然成立了社區照顧關懷據點實質上成果仍然有待驗證，對里民而言該協會一年裡到底有哪些計劃方案，恐怕有些人還是說不出所以然來。社區協會的成員既屬志工且認同為社區服務的理念，自然要掌握里內相關的資訊服務到里民的家，而不僅是社區參加的成員而已。應該不是掛個紅布條，或拿著清潔用具，依公文辦辦形式的活動而已，或在一起讓記者拍個團體照、上個報，如此如此而已。

有一個奇怪的現象；社區協會應該和里公所本該合作無間，但是由於行政體系不同，而產生各自為政，互不知會，互不協同的缺失，甚而社區協會辦活動而該里里長卻渾然不知，或不被邀請，或一臉尷尬的笑話。

據說里公所是不能提計劃辦活動，申請經費為里民服務，但社區發展協會卻不必照會里公所而直接向鎮公所或縣政府提計劃，請經費，辦活動，此種差別待遇，讓里民深感詫異，同一里內竟出現互別苗頭的怪現象，難免產生爭權爭利，形成小圈圈，甚至引起齟齬不快之事。

　　吾人絕非反對社區發展協會在非營利組織上的正面功能，但對於法源有據且有民意基礎的里長而言委實是不公平的。因此鄉鎮市區公所及縣市政府，應對村里與社區組織善盡輔導及監督之責，尤其針對兩組織間之衝突，宜善用衝突管理技巧，使衝突成為良性互動，以達成組織雙方預期的雙贏目標，進而增進相輔相成之績效，使村里與社區組織各自發揮所長，這也才是里民之福。

　　東門里社區發展協會近來的努力是有目共睹的，曾獲得行政院衛生署疾病管制局評選為九十五年防疫績優團體的榮譽；而國泰金融集團主辦的「第三十二屆全國兒童繪畫比賽」於九十六年九月在全國同步展開，外島金門有四百多名學生參賽，提筆做個「彩繪夢想家」，金門區比賽就是在東門代天府前廣場舉行。另外由金城鎮公所、東門社區發展協會共同主辦的「九十六年金城鎮社區健康營造嘉年華會」推出健診、用藥常識宣導暨有獎徵答、舞蹈表演及健康操等系列活動，吸引近二百位民眾的參與。鎮長蔡輝詩期盼集結鎮內各社區資源，讓社區照顧服務與健康營造成為每一個人畢生永續、綿延不斷的志業，齊力共同營造健康社區，推展社區照顧據點、老人健康運動、健康飲食，促進社區民眾之身心健康，將正確的健康知識進一步落實成健康行為。這無疑是近來東門社區發展協會陸續推展出的成果。希望在目前的基礎上，更以廣闊的胸襟，接納更多的人，造福更多的里民。

　　在代天府右邊後方於民國三十九年曾是金城發電廠的所在（另一部發電廠機在南門許氏宗祠），約在民國四十八年設立一部小發電機機組可以供應附近家戶之用，雖然只供應晚上二小時，但是卻已經將黑夜化為光明的世界，同時可將冷卻發電機裡的熱水作為浴室的洗澡熱水之用，經營起公共浴室的副業生意來，當然當時電廠最重要的收入還是每月三十幾萬的電費。

參
如海人潮‧黃金東門菜市場

東門菜市場：就是鄉民俗稱的「外菜市」。民國五十一年將王爺宮前的魚池塘填平後，部分成為民族路路段，部分興築成為東門菜市場。

民族路是民國四十九年由工兵修築屬於金城鎮環城路的一段，就在民族路的左手邊，曾有一棟古式二層樓（張氏所代管）民國四十幾年二樓曾是金門工作隊（情報）的隊址，直屬國防部不受金防部的指揮，而樓下則屬於陸總隊所管轄，兩個單位組織特殊，居民無從知曉，後來才遷移至「豬母溝」，現在古式二層樓經轉售後已改建為七層大樓。

民族路右邊曾開設一間自南洋回鄉的陳瑞隆僑民所經營的亞洲飼料行，老闆為人親和，生意興隆，當時年代黑白電視算是奢侈品，全東門里只有陳老闆家最先擁有，附近鄰居無不嘖嘖讚嘆，都想要到陳老闆家看電視，雖然收訊不佳，每當傍晚時分左鄰右舍小孩子紛紛跑到陳老闆家中看電視，尤其暑假凌晨只要轉播世界少棒、青少棒球錦標賽時，陳老闆更是門不閉戶，歡迎有興趣的鄰居前來觀賞，當時觀賞棒球賽高潮迭起以及獲得世界冠軍而燃放鞭炮慶祝的情景，如今回憶起依然清晰在目。而溽夏夜晚整排民族路店面的五腳氣（騎樓）和菜市場內攤位上睡滿了怕熱的人們，這也算是一個奇景。

在民族路頭有爿雙店面早年是「許東興鐵工廠」所在，「許東興鐵工廠」原先是在石坊腳，以經營相關鐵器產品及修理機具為主，後來遷至民族路除經營鐵器相關產品外，也賣腳踏車、機車，並跨足營造業，在四、五十年代事業版圖在地區頗負盛名，家族人口眾多，尤為人們津津樂道。現址後人已將

聞名全縣的東門菜市場

其轉租統一超商坐收租金，族裔各謀發展，各拼事業。

東門菜市場應屬三個部分：第一部分是屬於東門代天府財團法人基金會所有的店屋十二間，及豬魚肉攤位二十四間。在戰地政務期間，民間要興建建築物受到極大的阻擾，當時因興建豬魚肉攤位時規劃建地不足，政委會不同意，且傳有分一杯羹之意，後來由王氏族人王振權先生商得族人同意，將緊鄰建地的部分土地無償捐給王爺宮，也就是說其中三分之一是東門皇帝石王氏族人所捐獻的土地，也才能有如今規模完整的東門菜市場。

第二部分，是在東門市場東邊也就是糟水溝的東岸，早先是一個長方形的「馬草池」。該池業主為東門許姓所有，早年以豢養鴨子為主，後來賣給北門蕭氏，經填土後改建現在民族路共十一棟的店屋，也帶動民族路兩邊店屋的興起與繁榮。

王氏菜市場則為第三部分，民國六十年左右是王氏族人由農地申請變更改建。原為王氏族人祖產的「竹腳」，蓊鬱的竹林環繞著四周，內有沃田、水潭、兩口深水井，一直以來是王氏族人耕稼之地。

不久在鎮公所的鼓勵下作為臨時攤販的聚集地，由王氏族人王裕有（ㄅㄧㄥˋ）集合族人改建成為一樓的市場規模，共

有將近百個攤位，攤位分甲乙丙三級分收不同的租金，由東門菜市場管理委員會聘僱專人管理，七十年代因攤位嚴重不足，另在其旁增建一棟賣菜攤位並連接原來的一棟，使市場更具規模，避免日曬雨淋，因而軍民採買購物更具方便性。

東門菜市場的風光歲月從此開始，君不見車如水、馬如龍，熙熙攘攘，摩肩接踵的人潮，舉凡京果南北貨、日用百貨、五金文具、生鮮豬魚肉、各類菜蔬瓜果等批發零售一應俱全。多少里民，鄉民在此打拚，賺進花花綠綠的鈔票，大大改善了無數里民、鄉民的生活，建新厝、住華廈，真正帶動了整個東門里及周邊村里的繁榮與進步。

民國五十三年鎮公所又徵收「風龜平」的土地興建金門漁市場，一方面作為魚販集中管理的場地，一方面作為金門縣漁會的辦公處。而且漁會本身設有製冰場，產製冰塊提供漁商冷藏漁獲減少損失，初期時各攤位承租踴躍，曾經有過一段風光的歲月，但在精兵政策軍隊逐漸撤離後，原本剩下零散的攤位也為了生計不得不移往民族路一帶的路口發展，目前魚販攤位已是星散在民族路及巷口上，最後剩下空蕩的漁市場閒置著，但時來運轉隨著便利超市與大賣場的熱潮興起，金門漁會乘時趨利開設漁會超市，仿效臺省超市經營模式，開架陳列貨品，一應俱全，一次購足甚是便利，帶動該路段的生機。可惜停車不便，加上地區超市、便利商店、賣場如雨後春筍的開張，又陷入艱苦的經營競爭中。

代天府每年坐收東門菜市場店屋攤位的租金，作為基金會的運作之用，只可惜駐軍銳減，環境變遷，歲月遞嬗，人事已非，加上商業競爭，原先所承租的主人也已更替或轉租或再轉租他人，收租不易，再面對衰頹的容貌，天花板龜裂漏水，鋼筋爆裂的東門菜市場，雖已整修幾次，但老態龍鍾，疲態已顯，對照近年來如雨後春筍的超市、量販店標榜著光鮮的門面，充足的貨源，便利購物的環境，東門菜市場四十幾年來默

默承受外來的衝擊，竟節節敗退，留下零星死守攤位的白髮皤皤的老婦人，好似市場的角落裡被遺棄的傴僂老人在低聲啜泣……

　　近年來大環境的變遷，王氏榮市場已非昔時的繁榮，市場內到處私自裝設的大型冷凍櫥櫃，更多的是空蕩蕩的攤位，以及凌亂不整隨意堆放物品雜物，更是雪上加霜，猶如蓬髮憔悴的駝背垂死的病人。緊鄰民族路六十五巷的賣雞巷，更是雞聲哀鳴響徹空中，活活生生的宰殺雞隻，屍水與雞毛齊飛，屍塊與肚腸共處，加上光線闃黑，血水雞屎淹漫，臭氣沖天，環境特髒，衛生可議，非但已不近人道，且是市場髒亂的毒瘤，尤其禽流感肆虐的今天，不得不令人特別小心謹慎才是。

　　據報載自九十八年四月止，市場攤販禁止現場宰殺，只能提供電子宰殺，且經過CAS檢定合格的雞肉，如此榮市場的容貌將又改觀，相信是一個令人愉悅的購物場所。

　　王氏族人有鑑於時空的變遷，歷年以來東門市場無絲毫的建設可言，無法提供一個買賣雙方較具現代化規模又寬敞的購物空間，加上市場建地有限，以及欠缺規劃及不利於後天的發展，而且眼見鄰近許多村里國民住宅社區紛紛興建，帶動新的商機，反觀東門里的建設日漸走下坡，沒有興建半個新的社區，帶來新的生力軍，更是令人憂心。因此早年有與代天府基金會商議，將兩個市場合併改建爲現代綜合商場大樓的計劃，以保有東門里在地區商業上的地位。但是，受到當時二、三位短視且私心的地方長老和既得利益者的橫阻，竟將農委會大好補助的機會眼睜睜地讓它給飛了，殊爲可惜可嘆！

　　四十幾年來，屬於代天府名下不曾換過租約的東門榮市場的商店屋，迄今仍無能解決店面租約問題，即使目前運作中的董事會雖屬非正式組織，但卻未能發揮應有的功能，遇到棘手的困難，礙於鄉愿似的情面，而又不思尋求教法律專家解決，卻落在權力與利益的糾葛惡鬥中，牽延時日，竟勉強虛度無數

王氏市場內菜販攤位

大好日子，未能以全體東門里民的公利為重，替里民爭建設、爭繁榮與商機，而徒然坐失大好商機與契機，委實讓東門里民浩嘆不已！

很少人知道東門菜市場已經達到危險建築的界定！誰也不知道亮眼的裝潢容顏下腐蝕的鋼筋和龜裂的水泥，就只差多一事不如少一事的公部門主動的公告。我們不想看到臺灣的「華陽市場」的慘狀，又將重現在金門的東門菜市場，屆時責任的歸屬與及賠償和法律的刑責且由相關的人士共同承擔吧！

在民族路未拓寬前臨池塘邊有一幢二樓古厝，主人楊姓早已至南洋將房子交代張姓人家代管，矗立在民族路的一幢七層大樓，是在戰地政務解除後民間興起建築熱，有東沙王姓掮客利用機會就在南洋交易賣給湖下楊姓和中堡楊姓買主，張姓代管人並分得店面土地一塊，而買主則聯手建了一幢七層大樓，一時之間大樓成為東門里最高的地標，打破了原有一般二三層樓的建築，從此也打開了其他各里興建大樓的契機。

有一家「德成」麵包店，老闆曾是在中街「同裕慶」樓上做煎餅的。當時月薪才三百元，在樓下則是一位叫「豆乾」的夥計在做糖果，每當樓下起火作糖果時，「豆乾」就會故意將已燃起的火，再覆蓋上花生殼，讓花生殼產生大量煙霧，煙霧

隨即飄到樓上，使得在做煎餅的林先生被煙霧嗆得受不了，而發生不少的口語摩擦，如今想起來也算是一件趣事。

林先生辭職後再到王慶雲所開設的「金門餅店」做煎餅，月薪隨即跳到六百元，因這件事也種下「同裕慶」和「金門餅店」之間的明爭暗鬥。

從事煎餅這一行，只差三個月就滿二十年的林先生，離開時薪水已達一千二百元。王老闆還說差三個月就滿二十年，為什麼不繼續做下去呢？當時林先生毅然決然說應該自己出來開店了，總不能一輩子寄人籬下，所以就在民族路租店面，開設「德成」西點麵包店，當時物資匱乏，世面找不到幾樣東西可以大量供應阿兵哥所需，就在此情況下，林先生就自創麵包，以「雞蛋椰子」餅之名問世，「雞蛋椰子」餅的口味有甜和鹹的兩種，其中鹹的內餡有蔥、豬肉、辣椒、五香等材料，剛做好的「雞蛋椰子」餅，酥香又可口，每天一大早上軍中採買早已大排長龍訂購，造成大搶購。

另外食品中的「奶油」是軍中饅頭的最佳佐料，當時採買也非買不可，市場非常的熱絡，單門獨市的奶油產品，當然為林老闆進了不少鈔票，後來船頭商行大量進貨，本來奇貨可居的奶油，也因生意競爭、利潤相對微薄。但是生意好卻接到法院的通知，原來是房東要求租約期滿不再續約，房東自己要做

生意，林先生不得已向隔壁準備遷臺的麵條店，頂讓了一臺製麵機，再以二萬元賠售給小金門的商人。還好珠山士校部隊長期的訂購糕餅，也維持一段興隆的歲月，後來凡事要賣給軍方

的麵包食品皆要參加議價，議價後利潤亦低，沒得標的又不能賣給軍方，加上市場競爭，生意自然大受影響，不得不割捨曾經門庭若市的店面，赴臺另謀發展。

公共浴室曾在戰地政務時期，普遍設在各自然村和鄉鎮，為民眾衛生擔任過相當重要的角色，位在民族路的東門浴室就是提供軍民個人清潔衛生的場所。東門公共浴室是以自衛隊服義務勞動而建成，入室洗澡需要買門票，當時門票一張一塊五，分大眾浴池和個人浴池兩種。

夏天時生意清淡，因為天熱很多人直接在家裡或井邊，就可解決，一到冬天，金門天氣寒冷，加上沒有衛浴設備和燒熱水洗澡甚是不便，所以男生大多會跑到公共浴室享受那蒸氣騰騰、蓬頭淋身、通體舒暢的感覺。每到寒流來時，尤其是過年除夕前後，常常看到整連阿兵哥帶至浴室洗熱水澡，浴室人滿為患，老百姓可有得等了。冬夏令供應熱水的時間不大相同，在冬天下午三點即開始供應熱水，直到晚上十點左右。後來由於政府宣導衛生習慣的奏效，加上社會生活水準的進步，居民對衛生意識的重視，家家戶戶衛浴設備空間的設置，瓦斯熱水器的便利，東門浴室漸漸門可羅雀，民國七十年代終於歇業，走入歷史。後來閒置改建，曾一度作為東門第二選區的選舉投票所，現在又經改裝為販賣衣服的店面。

就在浴室的斜對面，曾擁有雙店面，經營京果雜貨批發生意，人人稱老闆為「陸海國」，在五、六十年代靠船頭行與批發南北雜貨起家，生意委實不惡，老闆生性海派，交遊廣闊，出入皆是當時有頭有臉的人，尤其在二樓上更不乏情治單位的人士在此出沒，當然免不了煮茶奉茶或杯觥交錯、呼盧喝雉一番了，甚至小賭聚賭抽頭的情況。

平時早有人拿著錢去借給「陸海國」作生意的周轉，賺些子息，「陸海國」一向也多非常信用，所以聲名頗佳。也因為這一層關係，老闆「陸海國」想起個民間互助會，所召的會

員不外是生意來往的商家，就是厝邊頭尾。第一個會順利的投標後，接著第二、第三個會…也隨之招會成功，老闆眼看招會相當容易，每招一會大把鈔票隨即進來，相當滿足，因此將大筆金錢轉入臺中投資房地產生意，後來，船頭行生意逐漸無心管理，在賭場又輸了不少，加上投資的房地產一時乏人問津，資金吃緊，周轉不靈，終告倒會，一時牽連頗廣，受害商家民眾不計其數，紛紛上門要錢，但商行只是一個空殼子，架上的商品值不了多少錢，不得已之下，商人搬貨抵債，但終究難於彌補損失，有些人甚至千里迢迢跑到臺中，看看能不能贖回些土地房子，以減少損失。只見引導的人，指著一望無際的稻田說，就是這一片土地，看你要割贖哪一塊地？令債權人悲從中來，甚直無言以對，個個真是乘希望而去，失望而回。而最悲慘者竟有婦人因悲憤無望自殺而死，誠是人間最淒涼的事了。這也是當時金門社會震撼一時的「陸海國」倒會事件，也是金門有史以來第一件重大的倒會事件。

三十年後同樣的倒會事件，又在同一條路上重演。娶了外籍新娘並且經營自助餐的老闆，利用經營自助餐的機會，向人招攬互助會，在老闆娘親切待人與自助餐生意的招牌下，不少人紛紛加入，跟起會來，做起現賺利息，屆期收尾錢的白日夢。當老闆整日忙於賣自助餐、外送自助餐時，利潤也沒有像招攬互助會這麼好賺，手頭一大筆錢著實令人心動，因此開店不到兩年的自助餐，在無預警下，竟然停業，全家人落跑到印尼，又留下不計其數的受害人，儘管咬牙切齒、痛罵不已，但一切也都為時已晚，後悔莫及了。

俗話說：被一塊石頭同時絆倒兩次的人，就是笨蛋。其時在社會中（笨蛋）何其多？人們永遠記不起他人的教訓，學不乖他人的慘痛經驗，只因人性善良又健忘，及自我安慰的心理，加上眼界不高，不懂風險，及貪小便宜的作怪，終究貪小利蝕大本，血本無歸，又徒呼奈何呢？這也就是為什麼地區倒會事件層出不

午後的市場與民族路

窮的的原因了。而什麼時候人們才會真正的驚醒？基於人性，恐怕只要有人的社會，倒會事件將一再重演下去。

　　值此地區發展觀光之際，東門菜市場、莒光路一段是觀光客的必訪之地，但是要解決或規劃目前東門市場周邊的景象，營造一個觀光客購物觀光的景點與賣點，若沒有一套創新又前瞻性的規劃，恐怕東門里無由起死回生，這更不是鑲嵌幾塊「形象商圈」的圖案或字樣就能草率完事，如何持續的經營，不間斷檢討改進與創新，用心維護才是最重要的。為了東門，也為了金門的觀光前途，有心之士盍興乎來！

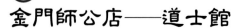

# 肆 金門師公店——道士館

位在菜市場邊的民族路巷弄有一間「金門道士館」，由陳仲茂先生主持經營。道教是中國最古老的本土的宗教，東漢時，張道陵創「正一盟威之道」，奉「正一經」。「正一」是正道、真道之意，即天師道，也稱正一派。晚唐時，張道陵的後嗣居江西龍虎山建教，成立龍虎宗，至宋代龍虎宗得到皇室的支持，獲得很大的發展。至元成宗敕封張道陵第三十八代孫張與材爲正一教主後，主領三山符籙，標誌正一道正式形成。但後來新舊符籙派眾多，都在正一道教主的統一管理之下，都以畫符念咒，祈禳齋醮等法術爲人驅鬼降妖，祈福禳災。至有清一代規戒律不嚴格，正一道士可以娶妻生子，傳宗接代，可以不住道觀，故俗稱「火居道士」。

金門的道士屬於南派火居道士，北派道士一般是吃素食的，不可娶妻；而南派火居道士則可以吃葷娶妻，除齋戒活動期間，一般不禁絕葷辛飲酒，但求心淨而已，有「四不吃」，即不吃牛肉、烏魚、鴻雁、狗肉等四種食物，並以從事宗教法事行業爲主要職業，可以收取費用。所用經文爲「洞玄部」、「洞神部」、「洞真部」三洞明科，廟會一般以發奏科儀、蕩穢科儀、老君經、十一曜消災經、五斗經、三官感應全集爲主。

菜市場邊的「金門道士館」

而喪事功德則以無量渡人上品妙經爲主，兼及滅罪寶懺、元始天尊說八十一難真經、天醫齋科、藥王寶懺等經文。

　　道士（篩公），有人亦尊稱爲道長，閩南音唸成師（音唸篩）公，所以在閩南一帶的居民，習慣上均把道士稱呼爲師公；在金門，道士沒有紅頭與黑頭之分，法師才有紅頭與黑頭之分別。兩者的主要區別在於道士可行醮事廟會與牽亡齋事功德法會等範圍較廣，而法師僅能以醮事廟會爲主，必須借道士的經典科儀去作，否則無法設壇開張執業，地位遜於道士，不做牽亡齋事功德法會，最多只能坐二日醮，無法作三日以上醮，所以道士又被稱爲大師（音唸篩）公，簡稱大師（音唸篩）；法師又被稱爲小師公，簡稱小師。

　　此外，世人常以「牛鼻子」來貶稱道士。據說這是因爲道士頭上的髮髻形狀像牛鼻子的緣故。還有一說是老子騎青牛過函谷關而去，青牛雖成仙亦伴隨左右，但是還常被老子牽著鼻子走，因此一心想成仙的道士也便有「牛鼻子」的稱號了。

　　在清末民初時，整個後浦有三間「道士（篩公）」店；一間西門里孫興，一間北門里貴士叔，一間是東門陳文禮的「石坊腳」。

　　道士和法師傳至今日，金門現在續傳衣缽者：道士方面有金城鎮陳仲莨（普照壇）、陳仲荊（集真壇）兄弟；金寧鄉李雲標（玉堂壇）；金沙鎮吳明湖（正一妙化壇）等，他們都供奉張天師爲祖師，屬正一道派的南派火居道士。

　　法師方面則有金城鎮的翁炳南（明法壇）；金寧鄉的陳梅濤（混元壇）；金湖鎮的陳金鑫（贊化雷壇）；烈嶼鄉的洪俊德（應玄壇）、陳通順的（守玄壇）等，他們以供奉「閭山法主許遜真人」之「閭山派」爲主。

　　目前金城鎮東門的陳仲莨的「普照壇」和陳仲荊的「集真壇」是父（陳新來）子相傳，派別均屬於正一道派，屬於張道陵天師門下，分別都需要道士的奏職授錄儀式，正一道派初授

左至右：「正一」冠（金仰），「正一」冠（網金冠），「正一」（黃冠）

「太上三五都功經籙」，而金門道士都爲五品、四品銜的「正一盟威經籙九天金闕榮祿大夫清微通教使兼判五雷院府事」法職，做法事則可以調派軍將至泉州一帶，以金門地區之廟會及喪事功德爲主。

金門的道士、法師是不專替私人消災解厄化煞的，道士、法師在金門的社區中，一般只有在社區的宮廟有慶典活動時，才會出現角色與功能：一爲進行各種科儀，例如社區宮廟作醮、社區宮廟宗祠奠安追龍與安磚契等和乩童共同進行各種儀式；二爲社區住宅安門符；三爲帶領社區居民過布橋；四爲農曆七月社區辦理普渡的主壇法師。

談到道教之道士，目前以東門「金門道士館」較爲專業，主持者爲陳仲莨道長，據陳道長表示：此行業乃是世襲，至今已是第五代，其祖先祖籍乃南安人，曾經到泉州設壇執業，其曾祖陳文禮道長家學自江西龍虎山張天師「正一派」，以太上老君爲開山祖師。學成後以「正一盟威經籙九天金闕榮祿大夫清微通教使兼判五雷院府事」法階執業傳世，相當於第五品官階。因戰亂關係其曾祖陳文禮道長遷居金門，在貞節牌坊旁開設「石坊腳」道壇，後傳至其祖父陳天乞，陳天乞以鑼鼓爲主，並未傳承道士一職，反而是其伯父陳金鎮學得一身好功夫，而其父陳新來（伯輝）道長從小在陳文禮道長薰陶之下，已種下此行的興趣。

金門道壇圈中最爲人所熟悉且令人陌生又充滿神秘與敬畏的行業，莫過於道士。其中最負盛名的就屬主持「應化壇」，道號「雷霆靖」的陳新來道長。

原名陳伯輝的道長生於民國二十二年，十二歲時即受祖父影響，承襲祖先來自南安的衣缽，至陳道長已是第四代，終其一生以道士爲志業。

擁有專業素養的陳新來道長，傳承曾經到泉州設壇執業的祖父陳文禮道長，家學自江西龍虎山張天師「正一派」，以太上老君爲開山祖師。學成後以「正一盟威經籙九天金闕榮祿大夫清微通教使兼判五雷院府事」法階執業傳世，相當於第五品官階。陳新來道長從小興趣多廣，上山下海以及營生之道多才多藝，在三十幾歲後，才正式從事於道士一職，除在其祖陳文禮道長薰陶之下，並向其堂兄陳金鎭學習道士經典科儀、符籙、儀禮等，後來又向北門里貴士叔學習，貴士叔是道士，乃屬正一派。

個性忠厚實在，少言語，除喝幾杯酒後，才會打開話匣子的陳新來道長，生前從事道士一職，早已踏遍金門大小村落，幾乎無人不知，無人不識。以廟會設醮爲主要職業，所扮演的角色，一般以設醮奠安慶典或超渡念誦經文，進行各種典禮活動科儀儀式，這種特殊行業，不是三兩三，幾把刷子的人是應付不來的。從起鼓、發奏、埋磚契、送六宿、收軍、辭神等活動儀式，依照順序，一一進行。所謂的：道士念經──照本宣科，真正是

閭山法主公

如此，一點也不假。在典禮活動進行時一派威嚴，恭敬念誦，行禮如儀，而各種禁忌符籙科儀更須小心謹慎作法的儀式。如在擇日時更要注意蝕主、蝕鄉、蝕師、蝕外的利害關係。

道士之所以予人有神秘感，主要是道士在從事法事時，予人感覺最專業、最莊嚴，旁人看不懂究裡而頗富神秘感，且所有儀式科儀皆完備，又與神明配合，圓滿完成慶典儀式，實爲其個人道德、道性的緣故。

陳道長有一生的好功夫，舉凡誦經文、抄經文、符籙、針黹、刺繡……無所不通，加上一片好心腸，常助貧窮之家，博得鄉里的佳評，並曾遠至高雄及新加坡從事法事道職。後積勞成疾不幸仙逝，好在後繼有人，並常告誡其子謹尊祖訓，學道甚苦，非自基礎中，無以成焉。其長子仲莨克紹箕裘，繼承衣缽，已能獨當一面，次子仲荊勤學努力，儼然有乃父架式。

其世代家傳制之系譜如下：

**陳文禮──（清溪壇）天乞──新來（應化壇）──仲莨（普照壇）**
                 **──仲荊（集眞壇）**
        **──金鎭（集眞壇）**

談到道士的服裝，在二日醮以上乃爲絳衣（大服）（又稱大印，因其寬鬆又大），頭冠又稱爲「正一」，頭冠裝飾源流乃是從春秋時代流傳演變下來，平常一日醮則穿繡有八卦之道服，也有穿前後補的，也有時穿五傳服的，也有穿繡得較高級的絳衣，以前大概都穿自己親手繡的道袍。

而法師的穿著打扮是，額頭戴幃眉，打赤腳，腰繫紅裙和白裙，現在只剩下紅裙，而法師的專業性是稍遜於道士。聽說閭山法主公以前是太上老君的徒弟，幫忙太上老君挑書籍，老君在人間已修道成果，要列入仙班，那時太上老君過函谷關，閭山法主公說：老君將列入仙班，則徒弟將何去何從？當時老君騎著青牛，就將青牛的一隻角拔下，交給法主公去營生，青牛才會變成獨角牛，老君也成騎獨角青牛。老君向法主公說，

您今後只要呼請太上老君的聖號，自然老君就會來幫助你。但是因為法師就是較沒規則，拿起法角就隨意隨地吹，不乾淨的地方也吹，沖犯到軍將爺，因而無形的軍將爺就不再幫忙他，最後吹到口中吐血，不得已之下只好再去請教李老君，李老君就說：包一塊紅布，以制煞沖剋吐血，不然的話就要割舌頭，割舌頭見紅血，才有辦法在呼請到軍將爺的幫忙。

一般宮祠奠安都喜歡聘請道士，因為道士經懺科儀完備，東西道法也足夠，較莊嚴圓滿而徹底，法師則無根底，都要向道士借道法科儀。因為道士在龍虎山有授職的，等於有階品的法職，也等於做官有官等、階級，陳仲莢道長就是以祖先的授職來行事，就可以做到什麼的階級，調到哪一個階級的軍將。這是從張天師流傳下來，具有正宗的，不可亂了次序。就如道士的壇號，也是按六十甲子排列，不可亂偏了次序，這都是源自龍虎山張天師一派的。

關於作醮方面：有天公醮，王爺生日作的千秋、作壽醮；代天巡守的王船的王醮，娶妻的新娘醮，作吉；作齋的水陸醮，如后湖作齋的是十二年（每逢卯年）一次的海醮，像七月則是作普渡的醮；至於喪事有一日拜懺，二日以上作功德門的，作功德的有一、二、三天的，這種也是包含許多內容也要看情面需要用什麼，或者看主人需要做什麼，有的則是謝願的醮，求平安的平安醮。

再如代天府在「SARS」作一日的消災醮，另外也有各境主和道士商量後再斟酌取捨的。這些都是屬於金門常在用的，像較大的城隍爺三日醮，舊金城的城隍爺也是三日醮，而部分境主也都是作三日醮，一般鄉社則二日為多，奠安醮則以三日為多，謝天公醮可在自家或至供奉大神道的大宮廟內做。

宗祠的奠安與宮廟的奠安方式與程序是有所分別的，像宗祠是以「進主」為主，進主奠安一般也有二日或三日。宗祠與宮廟的奠安次序有些不同，宮廟比較簡單，宗祠則是進主，還

有文昌帝君、福德爺，還要祭祖等細節是不一樣的；住宅安厝的又是不一樣，住宅是住家用，靈脈沒有那麼大，所以最多也只奠安二日醮而已，原來是住宅的地靈龍脈穩定性不夠，不敢作太大場面的儀式，怕住宅的靈脈受不了大動作。如果是宮廟則因王爺神威較千變萬化，或是全境之大神道之神明則更具有法力。宗祠也是如此，如果是大姓氏，人丁較旺的，則是做二日至三日醮。

奠安步驟較複雜，如要動到樑神，要掀樑都必須是看時辰的，還有制煞戲、追龍、淨油、埋磚契、關開祖厝門等等，這些時辰是不可以耽誤的，宮廟與祖厝奠安最主要的不同是在祭祖、進主、祭文昌、和祭福德爺。在慶典活動儀式中，除主壇者之外，常有幾位身穿絳衣的道士煞有介事的穿梭隊伍幫忙，這些是配角，充充場面之用，一般都是學不夠專精的半路學徒。

一般奠安至少需要三位道士，王爺醮也是三個，出外都以三人為主，若儀式較簡單者則以一人為主。

道士之所以予人有神秘感，最主要是道士在進行慶典活動法事時，讓人感覺到最專業、最莊嚴而獨特的氣氛，導致外人霧裡看花，不明究裡，充滿神秘之感。所有儀式科儀準備齊全，且與令人敬畏的神明相配合，以圓滿完成慶典活動的儀式。其實這也就是主壇者個人道德、道性的最高表現了，整個法事儀式活動中，不但過程進行圓滿，法事中處處盡藏顯露道教的專業、神秘與氣氛，更多的學問和秘訣。

陳仲莀道長在學習做道士時是從秘訣先學起，事後再來研究相關理論道書就會學得很快，而單單學皮毛，那麼必須長久時間學習，至少要數十年才會懂得訣竅的；就如貴士叔也在三十幾歲才學會的，當然自己還要去研究經典科儀。雖說如此，金門道士因傳承不同道士還是有派系的分別，就如陳金鎮和陳新來也有不一樣的地方，這就派系的不同，知道他們不同的地方，才將兩派的優點融合起來。

曾經因為兄弟之間的不合，陳新來向沙美派的貴士叔學習後，再學習自己祖先這一派。陳新來曾交代兒子要學先祖和伯父這一派較正宗，因為另一派是從法師學起來的，伯父陳金鎮是從道士的基層學起，一定要從基層學起否則從事法事時難免會有破綻的。

陳仲芪道長曾遊三界——天界、水界、陰界。在龍王的水仙宮，曾看到五尊龍王和千艘萬艘的龍船；陰府也遊過；

代表接送玉帝的華麗天公亭

天界只去過一部分就被神擋下來。天有三十六天，最多能上到自己能夠到達的天，自己的道性也不夠，還必須要努力修行。

有時碰到困難時向祖師太上老君燒香請問示惑，晚上睡覺時太上老君就會在夢中指示，就會帶陳道長去學習，讓道長眼前出現一個景，作一整齣的動作示現給道長看，看了之後即懂了，並予記錄下來。

祖師太上老君在陳道長家已供奉有一百多年，從小睡在書房就跟老祖師生活在一起，有些事祖師會在夢中開示，諸如未學過的八卦、符籙、六十甲子等都是無師自通的。只要拜師讀經，就會慢慢累積經驗，加上平時有在做道性的事，做法事時自然就會成功。

在生活中常有化險為夷的經驗，最初祂也不讓我們知道那是極具風險的，事後才覺得真是一個風險啊！說起來從事道士這一行業就是如此了。

陳道長起初是跟伯父陳金鎮和先父學習，是拜兩個師父，可以說三派的經書現在都在陳仲芪家裡，除了自家外，還有貴

左至右：元始天尊法照，李老君法照，通天教主法照

士叔的，孫興伯的經書，平常就會將三家的經書拿出來研讀，比較其不同，再分析判斷，吸收別人的優點來彌補自己的不足，在運用的時候就比較方便多了。

而道教儀式之中奠安，為什麼要奠安？奠安就是落成的意思。不管是新建或重修建的，奠安之後要使建築物的地靈龍神會穩固、會自在，像祠堂奠安後，建築物的開基主較能安穩固在，子孫後代自然安穩平順。奠安時，宮廟主要是在做香火，則王爺會較穩住，那麼香火自然旺盛起來；祠堂、厝宅則是以進主為重，住家奠安後自然較好住平安，宮廟，就好像是這一戶人家在入厝，就會使家戶內外同霑喜氣、庇祐平安、順利。

奠安前結道壇是必要的，以奠安慶典活動而言，聘請道士後主持者必須在道壇懸掛三清祖師：元始天尊、通天教主、李老君（老君真實講是仙界的皇帝，以道教源流來講元始天尊屬仙教，通天老祖屬於邪教，李老君屬道教，在封神榜時代正邪二教相拼鬥，在李老君出面後，才有一個歸結的局面，而後正邪二教全歸於道教）玉皇大帝、呂仙師、天師上帝等。如慶典的地方較大，還要多掛些軍將，天界、陸界、水界等的正神。

而法師結壇時則以懸掛閭山法師為主，再來就是掛軍將，因為法師沒有階品法職，無法請正神。至於在經懺方面：二日的以五斗經、老君經、十一曜，三關經為主，也都是必備的；三日的則經懺要再增加，上戲臺進表、作三清懺，糊紙也是不一樣，天公壇高度層次也不一樣，有二層和三層之分。

在作醮時，其實是靠虔誠之心的感應來主持，如果王爺神明的想法是如此如此，道士也即刻就感應知曉王爺神明的意思，和乩童所講的一模一樣。譬如：在七月份在作醮時有些魂魄會躲在椅子座下，要來聽道士的說言和經懺，是可以感應得到，八字輕的人甚至可以看得到。又譬如：有一次到后湖作十二年一次的海醮，分內壇和外壇作水陸、血懺，以及百部經懺後，陸地作經懺，海河邊誦經懺，分兩批人同時在進行。作醮後要演戲，說是要演「跳鍾馗」，戲棚是面向海來演戲的，演「跳鍾馗」戲時就可感應到戲棚前的海面全都是滿滿的鬼魂，就在這時戲棚莫名其妙的坍塌了，樓梯也應聲斷裂，演戲的人就從戲臺上滾了下來，還好沒什麼大礙，令在場的所有人捏了一把冷汗。

　　原來作醮演戲乃在酬神超渡鬼魂們，讓眾鬼魂們有一個安息歸位之所，就是與無形的結善緣，而不是以鍾馗祛鬼要來收服這些無形的鬼魂，是要來超渡它們，使它們有一個歸位，也使一個地方能夠平靜安寧。所以只要到具備一個相當的道性程度，自然而然可以感應到，作醮的效果就會顯現出來。

　　另外，在作陰宅或塚墓的時候則要特別的注意，若是冤枉死的，要它來聽經聞法，解脫超渡出來也不簡單，要用腦筋來

左至右：元始天尊法像，李老君法像，通天教主法像

超渡的,而鬼魂的怨氣也才會淨化降下來,進而化解怨氣,獲得解脫。

　　道教中是離不開人們心中既神秘又神奇的符籙法術,身為道士這方面也要有基礎的研究,如踏到破土,畫張符令;動到胎神,畫張安胎符即刻去化解,馬上就好,如果拖太久才來則必須「起土」,起土若有辦法化解則平安,若無法則就沒法度了。陳仲萇道長先祖有交代半夜時有人要符籙或必須「起土」絕對不可推托,要及時去處理幫忙,即使夜半時分也要起床畫安胎符,或「起土」以化解土神煞氣。

　　有一次早上,不小心踏到塚墓而六神無主的阿兵哥由人陪著來找陳道長,道長問明原委,隨即畫符令,命其服用,下午其長官即來當面道謝。再如眼睛煞到或沖犯到,若即刻前來,也可馬上化煞,在時間上這是不能拖的,不論催咒配藥也才能有效。再如煞到棺、生屍毒等等,用符令洗淨和吃中藥同時進行,自然就能化解,這些也都是一位道士必備的學問與專業。

　　至於傀儡戲也是祖傳下來的,在作醮典禮時謝天公要演傀儡戲,制煞時要先用符咒去祭,以驅凶神惡煞。一般則以拜謝天公、謝神明、拜天地、還願等等,戲唱以「子儀拜壽」、「父子狀元」、「文武狀元」、「父子國王」、「一門三元」……等戲碼為主。制煞戲時道壇先要調將,調軍將來鎮煞,制煞時不唱曲,只以符法調將,以符法鎮煞。

　　傀儡戲的角色不外老生、旦、丑、小生、笑生、黑花(花臉)、紅花等,鎮煞時演出將、出四尊將,譬如出「空中馬溫」等四種紅、白面、紅、黑鬍鬚等將領、穿甲胄以破凶神惡煞。又如結婚時,考狀元時,拜謝天,一般都演些吉祥的戲碼。

　　陳仲萇本來的傀儡有十幾尊,因為年代久遠,加上時間關係漸漸破損,只靠平常的修補,又因為購買新的所費不貲,即使向大陸購買,攜帶上也是不方便,大都是攜帶常用的七、八尊而已,平常演戲時也不超出這幾齣戲碼和這幾尊要角,而傀

儡的曲詞都要背誦記憶起來，說白只要演一二遍就自然純熟可以學會獻唱。

陳道長在從事道職的有生之年，利用閒暇期間抄寫先人留下的經懺，目前已寫了一部，家中好幾籠的經書中如果哪一部經書損壞了，就得要重新抄寫一部。因為印刷的比較沒有價值，手寫的經書畢竟意義上是絕大不同的，如農曆七月十五日作枉死城的經懺，這一部經書是同治年間，蓋有陳道長先祖的印章，都是先祖的手抄本，在墨紙上相當考究，可以說都是具有百年以上的歷史，現在道壇所使用的也都是原版的手抄本，陳道長先祖都有抄寫經懺的習慣，到陳道長這一代自然也不例外。

現在一個月平均接一二十攤法事，喪事作醮的是固定的，有十日作二三攤的，有時則沒有，甚至作醮到深夜，農曆七月則常作到半夜，而奠安活動儀式看良辰吉時的醮也很辛苦，必須配合時辰，一點都不能輕忽。

又如發生瘟疫，看要作護境、護平安的，還是作什麼情況的醮，屆時再找經書資料作為依據，這是桌頭功夫，現在已沒有老師父可以請問學習，唯一的就是靠經書為根據。

金門目前所用的經懺大抵不超出此範圍，如要作別的或不同的醮屆時再說，平日加減研究隨時要用就會，就不會傷腦筋，自己也要再進修，找資料或與王爺神明溝通商量。譬如萬神爺宮作醮，事先必須藉乩（萬神爺無乩身，藉南門境藍賓王神明為乩身）和萬神爺來當面溝通，枉死城要作到什麼樣的層級，其中包含太大，要了解祂是要作酆都府、十殿、還是作哪一部分，溝通時以講重點為主，我若聽懂則以重點去做，有些連祂的師爺都聽不懂，萬神爺是後浦四境所公有祭祀的，藍賓王只是藉乩而已，所以必須當面與境主溝通無誤，才能準備作醮事宜。

后湖海醮也是，人與神溝通後都要相同意見，否則作下去會一團亂，是作大場面或是小場面的，如果神明是新乩身，

較不熟稔作醮事宜，那麼先聽道長的意見，若講到什麼事時彼此再來溝通研究，不然就照道長的方法去做，假如不一樣的意見，作醮時就會發生大亂，場面就不好收拾。所以作醮時人與神原本就要溝通，若不溝通就做不下去；如果意見差太多、太離譜陳道長當場就反對，一個是道壇儀式的主持人，一個是境主，兩方面都要配合，假如神明要作到怎麼樣的場面，實際上也要能夠作，否則就不具意義了。就在七月十五中元節的醮是陳道長主持的，境主也在其中幫忙，儀式活動一直到結束境主（萬神爺）也才退駕，所以若無正宗來主壇作醮，是很難完成的。有時深夜境主會派軍將請道長：萬神爺請道長去，當然陳道長也披衣即起前往商議。

談到萬神爺祂是十殿閻羅中的一殿，有任期制，也會換任所，就同如城隍爺一般，一般而言土地公是十二年一任，有南門里土地公刻石為證，而派駐任所的神明因此所講的話，就和前任神明不一樣，就以現任南門境的相王公來說就是和上任的神明口音不一樣。

目前陳仲莫道長經營的「金門道士館」，作為對外的聯絡的窗口。

道士店內擁有一個班底的鼓車，諸如：鼓、大小鈸、吶哨、哨角、二絃三絃、管、笛子、要看什麼場面用什麼樂器，這是一個連帶的關係，今天不論是婚喪喜慶的儀式，就是可以從道士店來聘請，看要請怎麼樣的規模，再來聘請鼓車的大小，如喪事要請大鼓車，喜事請各招財音，十音即可。

其家中收藏的道教經典已有兩三百年的歷史，就如木魚、小鈸、正一、帝鐘、手爐等等是先祖流傳下來的法器、蓋有明朝正德年間青銅製

左：五雷虎牌與帝鐘
右：五雷虎牌背面

作的符水壺盒子、已有數代歷史的五雷虎牌（五雷虎是在調派軍將用的）、鎮板以召肅靜，造板、牛角軋管催用、龍鞭、五雷牌、帝鐘、手爐、青銅內畫有符令的符水壺，畫符咒催起來才有效用，花枝、芙蓉葉（芙蓉葉不好找，可以榕樹葉代替）也是不可或缺，而有教授徒弟者就在正一冠上插上有火焰的標誌，以為區別的。

　　從事道士這一行，也是充滿艱辛的，早時金門島上交通不便，若是要到金城以外的鄉里去作醮活動，走路是唯一方法，中午吃完飯後即要挑籠仔，並要在那過夜，作完醮後再挑回來，有時是沿路挑沿路睡，賺吃很辛苦。尤其颱風天也要出門，因為日子時辰挑好了，改變不得。再如喪葬時墓壙盡是水，風雨又大，也不得不將儀式做完，一點都不能馬虎。

　　一水之隔的烈嶼某些部分的宮廟宗祠慶典儀式也是陳仲茛主持的，烈嶼雖有道士（西宅），但無法師，因為傳承的問題，所以較大場面的慶典活動是比較無法應付，可見道士這行業需要智慧和用些苦工，不是草率隨便的。

　　金城的道士以目前來講，除了「金門道士館」，其他都是別的鄉里過來的，沙美、古寧頭的歷史稍短，「馬舍宮」附近有法師（南也）、浦後臭頭的也是法師，古寧頭也是從法師起家的，後來才走入道士那是相混合的；金湖沒有，金沙的徒弟是金城紅大逞的貴士叔，老實說，貴士叔是向沙美文埔仙學習

法師與裝扮

來的，沙美本身沒人學習，雖然現在也在執業，就是差在沒有道士的階職而已。

很多居民常疑惑道教與佛教之不同到底在哪裡？

道教爲中國傳統的宗教，佛教則爲印度教，就以觀音化大士來說，那麼稱觀音者爲佛教，稱白衣大士者則爲道教，因此大士是從佛化爲道，大士則可祭祀三牲禮之葷食，佛教則以素食爲主。

風俗與禮節是連帶關係，看要拜什麼？作醮要作到怎樣的程度，因爲有一些秘訣，非外人所能知道；有些該背、該記的一定要去要學習去記憶，如果從秘訣去學習則較爲容易，所謂江湖一點訣，說破不值錢，就是這個意思。有時拜師學藝，師者不講破，單靠自己的智慧恐怕一輩子也無法領略得到，看來學習道士一途確實是不簡單的。

從「金門道士館」走出來，深感一門古老的行業，傳承委實不易，期間的專業知識，非一般局外人所能知曉，雖令人感到幾分的神秘，但又不得不令人升起敬畏之心，老祖宗傳承的道教文化，是值得加以保存與發揚光大的，因爲它就在里民的生活中一次次扮演著重要角色，也安定了里民內心深處的不安與疑惑，慰藉了無數里民的心願。

# 伍 聯絡情誼好所在・東門里辦公處

往代天府的右手邊走去，就可看見白色的外表建築是東門里辦公處，該處是建築在屎礜坑（公共廁所）上，屎礜坑為早期農民為收集農事水肥之用，農民共同出資在公有土地上興建的，專供內外來往行人方便之處。早年戰地政務期間由於政府對衛生習慣的宣導改善，也就在配合東門菜市場興建後，民國五十三年，民眾義務勞動將位在代天府右手邊原是屎礜坑填平而興建為一樓的東門里辦公處。戰地政務期間辦公處閣樓上設有播音系統，除平日的政令宣導，里民大會召開之所外，也是里民敦誼休閒閱報的好去處，有時候透過播音器宣導政令或聯絡召喚某里民鄉親大名及情事時，全境居民聽得一清二楚，感覺甚是親切又溫暖，儼然就如一家人。

東門里辦公處，七十年代後遷移至許厝墓舊自來水廠原址。後來地方自治有關地方村里長辦公處設置辦法改變後，東門里辦公處隨著里長住家的不同而隨之遷移。而原來的辦公處租給臺灣銀行金城辦事處，目前臺銀因辦公處停車狹小不便不得不遷移至民權路，現在辦公處又出租予商人作為倉庫之用。

從民國六十年（一九七一）起全面實施鄉鎮村里地方公職選舉，設置村里長一人，任期四年，連選得連任，從第一任起的里長分別是蘇祺生，再來是林華、蔡東權、周錫達、王致祥、顏伯義、迄今的蔡祥坤先生，目前的東門里辦公處就是在現任的蔡祥坤里長的民族路家中。

在東門里公所最令人印象深刻、津津樂道的人物，除是戰地政務時期專橫跋扈的副里長外，就屬里幹事林滄江先生。林滄江的祖先是地區聲名著稱的前清舉人林豪，林豪乃福建安

東門里辦公所

溪人,小時回金門省親,拜訪其舅父胡先生,後來竟定居於金門。經過數世,其族產大部分典當於人,就在林滄江的曾祖母手中一一將先人典當的祖產買回,目前所有之三間店屋就是原先二落大厝改建完成的。

民國五十七年林滄江調到東門里公所當幹事,一待就是整整二十五年歲月。在當里公所幹事時所承辦的業務繁雜,舉凡民政、警保、建設、財政、軍事、民防、黨政等一手包辦,尤其每年至少有一星期至一個月必須到士校接受軍事訓練,一方面受軍事訓練,一方面要接受副里長的命令,回到里公所處理龐雜業務,真是一個頭兩個大,但林滄江戮力從公,憑良心做事,秉公處理,雖得罪不少人,但也得到大部分里民的諒解而相安無事。

有一天傍晚滄江在里公所上班,對岸的匪砲開始濫射,一般居民早已訓練出一套能辨聽匪砲,知曉砲彈的遠近,以便做

應變之道。當時有些百姓每逢單日「打砲」時則必往里公所躲避。有一天，林滄江剛好就在副里長辦公桌看一則報紙新聞，隨後離開二、三秒，一門匪彈咻的過來，聽起來很近，隨即落在圍牆外的巷子，將置於巷子中林滄江平常坐休息的椅子打壞，並貫穿牆壁正落在副里長的辦公桌後爆炸，將桌子、電話打爛，而就在千鈞一髮之際剛離開辦公桌的滄江則毫髮無傷。

里公所遭受匪彈擊中，照程序要上報鎮公所，但電話被打壞了，只好跑到泉發汽水廠借用手搖電話，向鎮公所回報，回到里公所後，縣長屠森冠早已在里公所視察災情，要借電話請自衛總隊人員會勘災情，受到驚嚇的林滄江指著被匪彈打爛的電話餘悸猶存，就在眾人的安慰下林滄江度過了一生中最驚心動魄、永生難忘的驚魂記。

就在里公所的後方，住著一位號稱「鼓王」的陳成仕老先生，老先生除了鼓打得好，吹奏嗩吶也神乎其技，老先生可以將同一首歌詞用七種不同的聲調表達出。從年少期間在偶然的機會踏入鼓車隊，至今已近六十年的歲月。老先生嫻熟各種鼓車陣的樂器，尤其打鼓更是他的絕活，可以將整個作醮的場子熱鬧起來，因為鼓車隊陣中的起鼓非常的關鍵，其他的樂器像鑼、嗩吶、二胡、蕭……都要聽鼓聲的節奏指揮而出聲合奏，最後也由鼓聲而告結尾聲，所以一場廟會、或吉凶場子的活動，最先聽到是起鼓的咚！咚！咚！的響聲，也炒熱了一片歡樂或悲悽的氣氛。

老先生和陳新來道長熟識，也是事業的夥伴，更是鼓車隊的重要角色，大小金門所有的廟會或婚喪喜慶皆留下他們鼓車隊的影子，在金門真是無人不知，無人不曉，尤其還接受過新聞媒體的訪問，也算是東門里的光榮。

現在老先生衣缽有傳人，兒子和孫子也踏入這一行，每一次出場皆可看到祖孫三代同時出場演奏，也算是一門奇才了。

# 「文魁」主人・金門志作者

位在莒光路一段十四號的雙落舉人厝，是在民國六十年林氏後人林滄江改建爲三棟二層樓店屋。房屋主人爲清朝舉人林豪的故居，在二樓廳堂的門楣匾額上題有「文魁」字樣。林豪的父親就是第一個編纂《金門志》的金門人，著作豐富，是《竹畦詩文抄》、《浯洲見聞錄》、《宮閨詩話》、《竹畦筆塵》等的作者林焜煌。

林豪長年客居臺灣，後歸金門，續修完成《金門志》。著作有《誦清堂詩文集》、《海東隨筆》、《可炬錄》等書。宣統元年林豪「重遊泮水」，授連城縣學教諭。在其後人林滄江家中亦懸有宣統元年福建提學使姚爲所提之「重遊泮水」匾額。

泮，爲古代的學校名稱之一，校中有泮池，爲文廟特有的建築，呈半月形，上有泮橋。周代諸侯學校前有半月形水池，稱「泮水」，池旁的學校就叫「泮宮」。明清之際，學童考進縣學爲新進生員，須入學宮拜謁孔子，稱「入泮」或「遊泮」。明清科舉時，通過州縣考試錄取爲生員，就稱爲「遊泮」。此匾說明了林豪曾中舉人，主講於澎湖文石書院，宣統元年又重回學校任教育主管，故有「重遊泮水」之聲譽。

林氏父子可以說是第一對金門人以文學傳名於後世的典範。

林豪的曾祖父林子友是與其祖父林俊元從福建安溪大杅鄉柏落村，因工作關係定居於金門。根據《金門志》說：林焜煌的父親就是林俊元，從善爲先，有義行，性嗜學，課子甚嚴，曾倡建後浦觀音亭。歷任清朝總兵署寶振彪之「稿識」，書檄公文，皆出其手。「稿識」一職，屬基層掌理文書之吏，多由熟識文書而考不上功名之人擔任。《金門志》稱讚他「勤於其

職」，「歷任總兵寶振彪等，皆重之。」林豪的叔父林捷輝也是跟隨寶振彪麾下的一名猛將，積功至金門左營千總，若非其英年早逝，前途恐無可限量。

當時寶振彪在一八三一年（道光十一年）三月至一八三五年（道光十五年）六月期間擔任金門鎮總兵，此時擔任興泉永道的是周凱，駐在廈門。兩人除了許多業務互相配合外，也曾在料羅合建過石寨，還因寶振彪私人之請，為其《祥龍寶氏宗譜》作過序言一篇，足見兩人交情匪淺。而林俊元擔任寶振彪的稿識，自然會與周凱多所接觸，這也讓林豪的父親林焜煌得有拜在文章名家周凱門下的機會。使其接觸到文學理論與歷史理論，並藉著編纂《廈門志》與《金門志》的機會，學習到編制地方志書的體例與歷史撰述的技巧；也因而使林豪得有編製地方志書的傳承，進而培養其敏銳的觀察能力，為十九世紀後半的臺灣歷史留下許多珍貴的歷史見證。

林豪的父親林焜煌，字遜輝，道光十七年（一八三七年）歲貢生。據《金門志》說，林俊元課子甚嚴，不許剛考上生員的林焜煌有所慶祝，更加嚴厲督促，要求其能考取歲貢生。

當時周凱領導《廈門志》積極展開編纂的工作，林焜煌就以廩生身分參與了採輯《廈門志》的工作，這當然是林俊元藉著同僚之便，特別引薦的，也是希望他的兒子能多學習的機會。

就在協助採輯《廈門志》之後，林焜煌乃依《廈門志》的體例，循山勢，歷山川，訪故老，採遺事，並撥

林豪的故居

069

陸、「文魁」主人‧金門志作者

林蒼江家中保存的「重遊泮水」匾

並掇遺籍，蒐群志，求兵制等，耗費兩年心血，獨立完成《金門志》。但是《金門志》的稿件，也因周凱的渡臺與病逝裝箱數年。一直到林豪遊歷臺灣、澎湖之後，回到金門接續增補，終於於（光緒八年）一八八二年付梓問世。也因這份編輯志書的背景，林豪得以受邀總纂《淡水廳志》、到澎湖總纂《澎湖廳志》，而成就一生的志業。

林豪是林琨煌的五子，生於道光十一年（一八三一年）十月十九日。天資穎悟，博聞強記，過目成誦，從其祖父學習《十三經》、《前漢書》、《後漢書》等史書，受益匪淺。後將林豪送到廈門，與其舅遊學，隨後入廈門玉屏書院就讀，經過數年苦讀，林豪十九歲考取生員。自此科考之路並不如意，一直到咸豐九年（一八五九年），二十九歲，考中舉人，這十年的寒窗苦讀與經歷足讓林豪奠定深厚的學問基礎，已從父親林琨煌學得源於周凱的學問文章，尤其是歷史志書撰述的技巧與方法和理念。

林豪入京會試後返回金門，但由於時局混亂（捻軍之亂），在同治元年（一八六二年）七月，應淡水族人之邀便渡海臺灣，想要有一番的作為，這趟臺灣之旅開啟了林豪撰寫志書的的生涯。不久，完成了《東瀛紀事》，為臺灣史書的代表性的作品之一。

在同治六年（一八六七年）正月應淡水廳同知邀請擔任總編輯編纂《淡水廳志》。採用的體例是遠承《廈門志》、《金門志》一脈相傳而來的紀傳體。同治七年（一八六八年）二月結束臺灣之旅後，轉赴澎湖擔任文石書院山長。但不到三年因

書院膏火不繼，於同治九年（一八七〇年）返回金門，返回金門後修改《東瀛紀事》、《淡水廳制定謬》，更續補訂正其父的《金門志》，而《金門志》就在光緒八年（一八八二年）終於捐刻問世。一直到光緒十八年（一八九二年）又被澎湖通判延聘擔任文石書院主講，並就《澎湖廳志》增補資料，也在光緒二十年（一八九四年）刊行於世。

綜觀林豪一生以修志書為業，且成就《淡水廳志》、《澎湖廳志》、《金門志》等，實屬「修志專家」了。只可惜連橫在《臺灣通史》中將林豪列入屬「流寓列傳」中，顯示了雖然林豪受臺灣人重視，但是卻甚少人注意的篇章。就是金門新編修的《金門縣志》也是簡單帶過而已。還好林焜煌、林豪父子將全家族的事蹟都集中在林俊元的傳記中來處理，是有將林俊元視為金門後浦林家的開基立業之祖的意味。而其後人枝開葉茂，散居金門、臺灣兩地，但願能有繼承者。

有一則傳說，金門舉人多，學問又好，但是手頭並不寬裕，每當逢年過節前夕的晚上會打著燈籠去拜訪縣太爺，看看有什麼或有的沒有的，縣太爺看到舉人來忙著招呼：「老師請座」隨手奉上好茶，客套一番，開聊完畢，舉人欲回家，縣太爺趕忙送老師：「天黑路暗，老師走路小心！」舉人不慌不忙答：「會的，我會挑深深的坑踩進去！」縣太爺一聽心知肚明，趕忙著打發一番。

林豪遺照

# 觀光客的最愛・「大陸街」聲名響亮

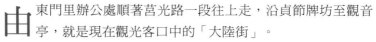

由東門里辦公處順著莒光路一段往上走,沿貞節牌坊至觀音亭,就是現在觀光客口中的「大陸街」。

莒光路一段原先是漕水溝加蓋鋪成的,原本屬珠浦東路一部份,後來才改為莒光路。而珠浦東路自東門菜市場路口起,民國五十六年拓寬為七公尺,其中並打通菜市場路連接模範街(自強街),並直達觀音亭街、下街,而成為現在的莒光路一段。

在民國四、五十年代前漕水溝一路由頂街、中街、下街而來,珠浦東路是一段未加蓋的大排水溝,部分溝上只是橫著幾條石條,供兩邊行人通行而已。更早時候珠浦東路頭一帶是林氏花園的一部份,後來陸陸續續變賣予人僅留下漕水溝東邊的雙落古厝,林氏後人又拆除古厝改建為今天莒光路一段的商店,其中一棟二樓留有「文魁」的匾額,另外漕水溝西邊則是一露天屎礐坑,早年地區務農肥料缺乏,蓋屎礐坑專供來往行人大小方便之所,並藉以收集水肥供給農田菜蔬雜糧施肥之用。這一帶的屎礐坑也是東門務農農民共同出資在公有土地上蓋的露天屎礐坑。後來金門政委會補助經費美化,加蓋了圍牆和屋頂,一方面求衛生,另一方面也美觀多了。不久,珠浦東路漕水溝部分加了蓋,屎礐坑也在東門里老大們的囑意下一一標售出去,原來出資興建的農民似乎沒有一個人標到,目前已興建成七棟比鄰三層樓的店屋,是今天所謂「大陸街」的一部份,價值不菲,真是所謂「糞土變黃金」了。

在民族路進入莒光路一段的入口,就是所謂「金城鎮形象商圈」的起點,在莒光路入口處的地面可以看到用花崗石雕鏤的「金城鎮形象商圈」的立體字樣,任來來往往的過路人等踩

在腳下，也提醒觀光客「金城鎮形象商圈」到了，而令人充滿疑惑與好奇的想要瞧瞧啥是「金城鎮形象商圈」？

在民國八十八年組成的「金城鎮形象商圈發展協會」所負責執行的「金城鎮形象商圈」三年計劃輔導案，範圍包含莒光路一段、模範街、珠浦東路五巷的商家。緊鄰的景點有代天府王爺宮、石牌坊、觀音亭、奎星樓、模範街、總兵署、縣商會、車站，希望藉由商家以及歷史古蹟景點，結合特產文化與觀光人潮，做綜合推銷展現金城鎮形象，帶動附近商家觀光生機。曾經熱熱鬧鬧辦活動，如今金城鎮形象商圈計劃執行業已完畢多年，留下了地板上的花崗石刻字，也留下商會牆壁上一幅鑲嵌得模糊不清的壁磚畫，而其他一切似又回到原點，「金城鎮形象商圈」的生機何在？永續經營的效果何在？只是東門里，還是應該再檢討擴大加入其他三里的商圈範圍，讓「金城鎮」商機真正無限？思慮再三，無言置喙也就任時間去尋思苦惱「形象商圈」吧！

從金城鎮形象商圈的東門菜市場為起點，經莒光路一段的商家直達到石牌坊，這一段的多數商家曾是兩岸小三通的受益者，君不見充斥著來自大陸對岸的走私貨，可謂應有盡有，價

金城鎮形象商圈

錢便宜,是觀光客眼中購物血拚的天堂,甚而指明行程中一定要安排「大陸街」,因而「大陸街」之名不脛而走,成為全國頭條新聞,也是觀光客必臨之地。

整條莒光路一段由於商家繁多,觀光客如潮水般的湧入,加上兩岸敵對狀態的漸趨和緩,小三通的助力因而走私猖獗,街市充斥大陸廉價物品,舉凡吃的、穿的、喝的、用的一應俱全,這對觀光客無非是最大的招徠與賣點,加上新聞媒體平面廣告大肆報導,一時成為全國家喻戶曉的新聞,「大陸街」名聲響徹雲霄,成為觀光客必安排的行程與最愛。

但曾幾何時觀光客口中的「大陸街」在政府有意的查察掃蕩和無心幫忙協助輔導商家經營之下,逐漸退燒,如今的「大陸街」只是旅遊業者為招徠商機的一個既誘人又帶戲謔溢美的廣告推銷術而已。由「大陸街」的現在冷清的景況,凡路過的鄉親心中早已知曉「大陸街」的觀光商機已死,「大陸街」已是過去的歷史名詞,在惡性競爭之下,形象商圈也是僅存腦海中的形象罷了!商家們只是清閒度飽而已。

觀光客口中的「大陸街」

# 五方佛祖・制風擋煞皇帝石

皇帝石：順莒光路往上走去，在左手邊的巷弄，就是珠浦東路二十一巷，巷內有一座「皇帝石」，原來是一座長方形見方的泉州花崗石，經丈量結果長寬各為一尺六，高則為一尺八。四面雕刻有四幅不同的半身佛像，經數位相機拍攝，並輸入於電腦中放大，仔細觀察研究圖像，才確定這四幅雕像不是坊間所傳的「黃帝」圖像，也不是「四大金剛」或「四大天王」的圖像。當然絕不是婆羅門教的「四面佛」。這四幅圖像就是佛教中的所謂「五方佛」，「五方佛」是佛教中除中央毗盧遮那佛，其餘四尊佛菩薩，分屬東方阿閦（ㄔㄨˋ）佛，西方阿彌陀佛，南方寶生佛，北方成就佛。

藉由五方佛所象徵的神佛法力與意義，用來制風擋煞，以保佑人舟平安。在先民開疆拓土的奮鬥生活中祈求平安，這乃是最自然不過的一種信仰與寄託。

唐朝時浯江溪溪面廣達至今天民族路之地。今天的珠浦東路二十一巷至民族路之間原為海域，二十一巷至塗山頭則為海岸，從唐山廈門來的船隻沿著南門海直達至觀音亭左邊金亭處靠岸下泊。當時來往船隻受東北季風迎面吹襲，人船頗感吃力且易生船難，故自唐山鳩工刻石，將「皇帝石」矗立於海岸邊以鎮風避煞、以保人船平安。自唐歷宋、元、明至清數代，一千兩百多年來，期間山川地理改易，物換星移、滄海桑田，自屬大自然的現象。如果此說可成立，那麼「皇帝石」至少有一千年左右的歷史。

根據山驗派地理師、長庚醫院命理哲學社主講教師張雲盛老師說法：風制石（皇帝石）非民間之物，應是官方所為。此

075

捌、五方佛祖・制風擋煞皇帝石

上排左至右：北方不空成就佛，東方阿閦佛
下排左至右：西方阿彌陀佛，南方寶生佛

石四面雕刻有「五方佛」其中之四尊佛像，唯獨遺漏中央毗盧遮那佛，在密宗的造像佈局中，通常以毗盧遮那佛為主尊，配以東方阿閦（彳ㄨㄟˋ）佛、南方寶生佛、西方阿彌陀佛和北方不空成就佛構成五方佛的組像，幾乎不可能將五方佛分別拆開。因此風制石（皇帝石）原本是一座石塔的一部份，後來因故中央毗盧遮那佛傾圮遺逸，僅留有目前所見的風制石（皇帝石）。此刻石年代大約可推至明代。

原來，鄉民所習稱的「皇帝石」是風水學上「風制石」閩南語的諧音，鄉民最初稱「風制石」在口語相傳的音韻上已經有訛化的現象，流傳至今早已習慣以「皇帝石」為最妥貼最自然的稱呼，而且從來也不曾改變過「皇帝石」初始的作用與意義。

在早年金門住家是沒有什麼鄰里門牌編號的，從他處或遠至南洋來的批信，只要在上面寫上「皇帝石」某姓氏名字，就如同寫上「石坊腳」、「塗山頭」等地名，加上某姓氏名字即可送達到當事人手中，「皇帝石」在當年儼然是一個遠近皆知又具有代表性的地名名稱。附近的老一輩的人也以住在「皇帝石」邊，來表示自己住所的位置所在，而且是屢試不爽。

現在「皇帝石」已經在原址重新安置妥善，不改原先風貌，並特請書法名家張炳煌先生和劉太希先生分別賜題「風制石」書法，以勒石紀念廣為流傳。經過流水歲月，物換星移，

改朝換代依然永在的「皇帝石」，仍然負起承載金門后浦歷史發展的見證者，且將不改初衷面對一代又一代的逆旅過客。

相對於地區的所謂的「歷史建築」，「皇帝石」實在顯得微不足道，也顯得孤寂落寞。雖然有關當局把「觀光立縣」喊得震天價響，但，相信在未能掌握金門人文歷史的內涵上，觀光之路將是走得艱辛又坎坷的。然而「皇帝石」也可以另一種丰姿再現。

經整修後「風制石」的風采

# 臺閩古蹟‧歷史建築石牌坊

石牌坊：近兩百年來日日夜夜佇立在熙來攘往的珠浦東路（現在的莒光路）的盡頭，這座建於嘉慶十七年（一八一二年）四柱三間式古典莊嚴的石牌坊（石坊腳）是金門唯一經內政部指定為臺閩地區第一級古蹟，在臺灣、金門地區列為一級古蹟的牌坊中，只有這一座最為壯觀的。不但是金門的驕傲，更是東門里民的光榮。

石牌坊真正的原名是清朝的「欽旌節孝坊」，是為表彰清朝時建威將軍邱良功母親許氏年輕時含辛茹苦、守節撫孤，教子有方的貞節情志和感人的行誼。

邱良功的母親很了不起，因為在她二十八歲時丈夫不幸去世，當時邱良功才出生三十五天，而守寡守節、茹苦含莘，毅然決然肩挑起養育的重責。成年後的良功在嘉慶年間投筆從戎，其後累積戰功，竟成為一代良將。並平定清代臺灣海峽最兇悍的海盜蔡牽，被嘉慶皇帝賜封，歷次擢升守備、游擊、署參將、護將等職。四十歲壯年晉陞浙江提

上：臺閩地區第一級古蹟節孝坊
下：「欽旌節孝坊」刻石

石牌坊美麗的夜景

督，並晉封三等男爵世襲，是當時清代金門子弟武將中最為顯赫的。

當良功官拜浙江提督時，母親守寡已逾二十八年，堅貞志節令人敬佩，因而除由地方長官呈報禮部，獲得仁宗皇帝嘉許，經皇帝親准誥封一品夫人外，並由官方賜銀興建了這座精美的貞節牌坊做紀念，以褒揚婦德，教化地方，永垂千古。

邱良功是金門後浦人，字玉韞，號琢齋，生於清乾隆三十四年（一七六九年），卒於嘉慶二十二年（一八一七年），享年四十九歲。後良功因病殂歿，朝廷賜葬，受建威將軍，諡剛勇。現在金湖小徑有其衣冠塚，墓園配享左右文武翁仲、石馬、石羊、序功碑等，現為三級古蹟。

石牌坊在建構上是為「四柱三間」形式的石造牌坊，其建材是泉州的花崗白石，其上的花板雕飾建材是墨綠色的青草石，仿木造結構，相互插榫堆砌而成，雕工非常細緻，配色十分講究，氣勢宏偉，堪稱「臺閩第一坊」。以其構造形式來看，整個牌坊的四支立柱，均低於各屋簷的高度，是為「柱不出頭」的形式。

這座牌坊有三層樓、三個屋頂。牌坊中間有龍鳳，門額底下有兵部尚書、兩廣總督蔣有光等官員題字，在左邊是福建水師提督王得祿的題字，王得祿就是跟邱良功合作消滅海盜蔡牽的人。上面中間部分有很多人物圖像，都是教忠教孝，再上去就有他的事功紀錄。第二個頂簷上有一圖像，這是漢朝名相楊震，左邊有一人手拿金元寶在賄賂他，以為沒人知道，楊震卻

「聖旨」的石匾

彩色石獅子曾經顯靈

說有四人知道，那就是天知、地知、你知、我知。左邊圖案有兩隻羊，有人穿著匈奴的服裝，這就是蘇武牧羊。用楊震拒絕賄賂的畫與蘇武牧羊的畫，都有貞節的象徵意義，以此來突顯邱母的節操。

在頂檐之下，豎立著雙面刻有雙龍護持「聖旨」的石匾；石匾下鎪刻著金色的「欽旌節孝」四字。橫額上刻著：「誥贈振威將軍邱志仁妻，欽命提督浙江全省等處地方，統轄水陸軍功節制各鎮，加一等，記大功六次，晉封三等男爵世襲邱良功之母，誥贈一品太夫人許氏坊」等的字句。

在四根大柱子的正面、背面各有一隻石獅子，如枠石般的穩固的夾住，也有其美化裝飾的效果。據鄉老說這八隻獅子其實是守護著石牌坊的，其中有一隻彩色石獅子曾經顯靈過，代表邱母許氏顯靈；另外鄉老稱受到日月精華照射，其中一隻獅子亦因而顯靈，地方人士特別將其油漆彩畫，戴綵帶，把祂封為獅王爺，每年陰曆八月十五為神誕日，歲時祭拜。相傳若孩童臉頰下半部紅腫異常，非藥物所能治療，鄉人皆以祭拜獅王爺即可痊癒。

據鄉老相傳在興建石牌坊時是先將四根大支柱立定後，並從四處挑來土石在其下堆土砌石，一面將土堆高，一面在高高的土推頂上施工，將牌坊的所需的石材、石雕、勒石、「欽旌節孝」、「聖旨」匾等依序安放完妥，直到最上層安置妥當，然後才將土堆又一一移走，隨著土堆的降低，施工也由上而下逐層而下，最後終告完成。據鄉老說這些土石後來都移至塗山頭，今天塗山頭的地勢稍高，或亦以此有相當的關係。另外「欽旌節孝」坊的第三層明間「聖旨」一匾，似乎在昭告世人，儀閫壼範，足為後人所推崇效仿。

也因「聖旨」在上，但一般神明、神輿遊街時，經過石牌坊卻不從石坊下穿過，一定要繞其旁而過，這原來是「欽旌節孝」牌坊是紀念女人的，而神明、菩薩等境界不同，豈可從婦女胯下而過呢！

在日本手ㄟ的時陣受盟軍轟炸，國共戰爭期間，匪炮常常濫射，周遭的民房卻就沒有那麼幸運，而石牌坊和鄰近的觀音亭就是安然無恙，這也許是「聖旨」、「觀音菩薩」的關係吧！

在中國昔時以男性為中心的牢不可破的觀念裡，貞節牌坊的存在或許是可以被理解的，但是以數十年的青春歲月始能換取社會人心的肯定，這無疑是古代婦女的悲悽，但相對於現代人對待感情的速食與輕率，或許在心中建立一座貞節牌坊的矜持與理想也未嘗不是一件值得推許，值得肯定的理念。

原來石牌坊的建築都是設立在村里都市的郊外，我們可以從金門雷同的牌坊可以得到佐證。想當初石牌坊就是設立在後浦城通都大衢的盡頭，以北是觀音亭街、下街，以南的就屬郊外了，

「神泉」井今貌

而且漕水溝正從石牌坊下方流過，靠石牌坊石寮地板的漕水溝有一座穩龜橋銜接兩邊通路，在民國五十年代石牌坊以下的漕水溝只有幾許橫跨的石寮作為兩岸的交通，並未加蓋，所以這一帶算是後浦城的郊外了。今天東門里的建築發展已經擴展到民族路、北堤路、環島西路一帶，石牌坊看來已身在後浦城中了，因此從這座石牌坊不難推論出後浦城東門里空間聚落的發展變遷軌跡。

就在石牌坊的左邊有一口深水井，花崗石打造的正方形井欄下有清澈甘甜的水源，原是染布坊所開鑿的，也供應來往行旅客人之用，現在已覆蓋在石板地面之下，湮沒無聞了。

在自來水未裝設前，東門除了家家戶戶有自己開鑿的水井外，在東門米粉間與南門交界的地方，亦有一口鄉里稱為「神泉」的井，水質清甜，百汲不竭，後來因開闢民族路，只好加蓋成路，另外用地下渠道將水引至巷口已挖掘的淺井中備用。在戰地政務其間，由於水資源缺乏，軍方特派一排兵力看守，一方面維持水源於不墜，二方面防止部隊搶水風波，並防遭人下毒。每天只見全島部隊的軍用的大卡車，櫛比鱗次排隊等候運水，水量源源不絕，又雖然緊鄰浯江溪邊，井水永遠是清冽甜美的，沒有海水的鹹味，里人皆呼「神井」。現在的神井只剩一孔棍棒大小的口，過往人等再也不知它的身世了，殊為可惜！

就在石牌坊的周遭已成為東門里名聞小吃的集中地，這裡過往人潮川流不息，就是南門北門西門里一帶的居民習慣性一定會經過石牌坊。早年的理髮店、冰廠、汽水廠、中藥店、金紙店、水果店、廣東稀粥、油條店等到今天依然生意興隆，尤其熱騰騰料多味美的廣東稀粥、香噴噴的鹹粿炸、討人歡喜的佐啊炸、菜炸、芋頭炸、還有百吃不厭的蚵嗲，是人們口中的零嘴最愛。還有每逢冬至、清明、元宵節應景的春捲皮，如長龍的隊伍蜿蜒在石牌坊的下方等候著，就是一幅民富樂利的景象。

石牌坊附近有名的小吃

 拾

# 三炷清香・暮鼓晨鐘靈濟寺

靈濟古寺「觀音亭」

俗謂：「街頭菩薩宮，街尾土地公」。

經過石坊腳往右上方走就是靈濟古寺。靈濟古寺：俗稱（觀音亭），約建於唐德宗貞元二十年間，前後經過數次修葺，民國三十八年，觀音亭被國軍徵用，迄民國五十三年十月五日始歸還。

靈濟寺在清朝道光四年（一八二四年）十二月初六夜，廟亭北邊發生大火，波及觀音亭的外亭，當時北風正猛，火趁風勢不斷擴大，亭子應聲倒塌，壓住不少火勢，但火苗已沿著抖拱漫延開來，眼見祝融不可收拾，此時，佛堂內湧出泉水，眾人以此水而灌救，所幸廟亭未被毀損。為修此次大火所焚毀的建築物，遂在鄉紳林俊元等人的發動勸募下展開重修工程，整修完迄的觀音亭，也改名為「靈濟寺」，是為紀念觀音亭湧泉滅火的神蹟，因而題名：「靈濟寺」，至今已有一百八十多年的歷史。

根據拜亭中脊上所書，靈濟古寺創建於唐朝貞元二十年歲次甲申年，西元八〇四年距今已一千一百九十四年的歷史。後因時代戰亂變遷，歷經宋元明三代，其間遭毀屢次修建，到有清一代寺廟曾經被平民佔據，前亭淪為小食攤，成為龍蛇雜混之地，被當時文人視為無法紀之處，再到民國三十八年被軍方徵用，作為金城官兵福利社，至五十三年十月五日收回，始恢復原貌，六十三年在釋惟德法師主持下，七十六年又增建了鐘、鼓塔樓成為今天的建築形制。

據傳觀音亭主祀觀世音菩薩，鄉人俗稱（觀音媽或觀音佛祖），本尊觀世音菩薩塑於明萬曆年間，高133公分，寬63公分。

兩旁守護神韋馱菩薩神像高95公分，寬49公分。伽藍聖尊高95公分，寬49公分。另善財童子高82.5公分，寬33.5公分。龍女高77.5公分，寬27.5公分。

　　當我們膜拜再三，從各種角度仰視時，只見觀音菩薩慈眉善目面露微笑對著每一眾生，像似要滿足眾生所願。從其神韻姿態充分顯現其大慈大悲，慈航普渡的濟世眾生的精神。當然有關觀世音菩薩的傳說故事隨著歲月流轉更是人們所津津樂道的。兩旁陪祀有十八羅漢、孫大聖、手握金剛杵在地的韋馱菩薩，表示本寺廟不接受掛單寄宿，和笑口常開的彌勒佛。

　　關於十八羅漢的說法自古來即有不同的名稱組合，據釋惟德法師稱：觀音亭的十八羅漢分別是：「跋陀羅尊者、賓度羅拔羅隨闍尊者、伐闍羅佛多尊者、注荼半迦尊者、達摩尊者、迦里迦尊者、不動尊者、誌公禪師、伐那婆斯尊者、得佛智尊者、梁武帝、因揭陀尊者、那提迦葉尊者、阿氏多尊者、迦羅伐嗟尊者、那迦犀那尊者、巴沽拉尊者、半托迦尊者。」較之其他說法版本不一，命名多所差異，但有一半以上是相同的。有關羅漢的說法，本文引用地理名師張雲盛先生的說法作統一解說，並釋疑惑：

　　依據公元二世紀獅子國的難提蜜多羅（即慶友）尊者所著「法住記」，後經玄奘法師翻譯成的「大阿漢難提蜜多羅所說

左至右：善財童子，龍女，觀音菩薩，韋馱菩薩，伽藍聖尊

上：彌勒佛
下：韋馱菩薩

法住記」載，十八羅漢在印度原爲十六羅漢，故在印度的釋迦牟尼佛率領羅漢渡水圖，圖中僅有十六尊羅漢而非十八尊，十六羅漢是釋迦牟尼佛的弟子，受釋迦牟尼佛之命，不入涅槃，常住人間，住持佛教，拔除眾苦，受人天供養而爲眾生作福田的尊者。十六羅漢，天竺沙門闍那多迦譯有「十六大阿羅漢因果識見頌」。

十六羅漢傳入中土，五代以後才出現第十七位、第十八位羅漢，但這兩位羅漢的名號說法不一，歷代而有所不同。另有些寺廟將原有印度十六羅漢，加上難提蜜多羅（慶友）、闍那多迦二尊者而成十八羅漢；或加上慶友尊者、玄奘法師而成十八羅漢；或加上賓頭盧尊者、難提蜜多羅（慶友）尊者，而成十八羅漢。

宋咸淳五年（一二六九年），高僧志磐在「佛祖統記」中提出賓頭盧尊者即賓度囉跋羅墮闍尊者，二位尊者係同一人之重複；而慶友乃「法住記」的作者，故不應在住世之列；第十七和十八位應當是迦葉尊者和軍徒鉢嘆尊者。至清朝時，乾隆皇帝御定和章嘉活佛認爲第十七位應是迦葉尊者（降龍羅漢）；第十八位應是彌勒尊者（伏虎羅漢）。又民間有些寺廟將原印度十六羅漢，刪除其中的二尊，加入降龍、伏虎、梁武帝、誌公禪師（或將誌公禪師更爲達摩祖師）而成十八羅漢。誌公禪師（或將誌公禪師更爲達摩祖師或更爲目連尊者）而成十八羅漢。又現今民間有些寺廟，受文學小說《濟公傳》的影響，認爲濟公乃降龍羅漢轉世，而將濟公供爲第十九尊羅漢。

據鄉人相傳觀音亭菩薩是由才子許獬來興宮的。原來有一年許獬中會元正好欲等候船隻返金，正好有一位婦人，頭戴披

兩旁的十八羅漢像

巾手持包袱想要來浯洲（金門別名），一時找不到貴人相助，許獬見狀即趨前探問，原來婦人一身佛骨想要到浯洲苦無人帶路而神色不安，此時許獬正好順路也就一路照顧婦人來到浯洲，後來婦人向許獬道謝後就往觀音亭方向走去，再也沒有出來。

有一次，許夫人聽左鄰右舍說觀音亭菩薩靈驗異常，凡去拜拜求願者都能實現，所以許夫人也來求菩薩幫忙，如果能將在大陸做官且許久未回來的夫婿叫回團聚，那麼就要做紅龜糕來答謝菩薩的幫忙。不久，許獬果然回家了，許夫人就準備紅龜糕要來酬謝菩薩，這時許獬看到熱騰騰的紅龜糕，就隨手拿了一個紅龜糕準備吃起來，夫人不許，並說這是要祭拜觀音亭的觀音菩薩不可先吃，許獬也就無意吃了，也就隨著夫人來到觀音亭祭拜答謝，觀音菩薩看到許獬進來急忙起身來迎接，許獬見狀即伸出手，用指頭指著菩薩說：「恬就久」。就在觀音菩薩欲起立迎接時，被許獬即時阻止，又欲坐下的姿態，所以才看到現在觀音亭菩薩欲起又欲坐的姿態，這也就是鄉人口中相傳的「觀音菩祖恬恬興，恬就久」故事的來由。而流傳在民間的諺語：「觀音佛祖沉沉興」，就是有「穩重持久」的意思。

其實，據釋惟德法師說：觀音亭的菩薩曾在普陀山金剛寶石上說法，故應稱呼為：「海島觀音」，所以與許獬根本不發生任何連想，因兩者境界不同，且時代相差千年以上。

亭寺中共有十二副匾、一副對聯，全屬有清一代，其中「慈航普渡」匾是清乾隆癸酉年孟秋西元一七五三年至今，已有二百五十三年，這些匾額恐怕就是改朝換代後所僅能流傳下來的。

另外兩邊窗聯是住持惟德師父所撰寫：

金靈上剎引梵樓，門濟煙霞千古留。
浯古壇那妙法性，江寺鐘聲息萬緣。

兩副聯語將「金門」、「浯江」、「靈濟」、「古寺」地名與廟名鑲嵌在其中了。

這座坐落於蜈蚣穴的觀音亭如果您仔細的觀察，從頂街、而中街、而下街蜿蜒而來的街道不就像蜈蚣的身軀，而兩旁的店屋不就像蜈蚣一隻隻的腳？據說兩旁店屋內中蜈蚣特多，而觀音亭兩旁的觀音街豈不就是蜈蚣頭上的兩根長鬚，而靈濟寺不就是蜈蚣的頭嗎？

據惟德老法師稱說：觀音亭內後殿有一「寺碑」，法師曾於軍旅時造訪觀音亭將碑文全文抄錄下來，碑文前半部記載有「寺建於唐朝貞元二十年」字樣，碑文後半則記載寺廟財產，依碑文記載觀音亭的寺產範圍頗大，可惜代遠年湮，尤其在民國四十四年四月本縣辦理地權登記時，一夜之間寺碑竟然被搗毀，證據全然消滅，獨獨留下今天的廟產。

現在善男信女進入觀音亭拜拜，慈顏善目的觀音大士依然護衛著眾生，只可惜美中不足的是佛前觀音、兩旁的十八羅漢唯獨有四尊羅漢至今未能歸位，而註生娘娘的二尊奶媽亦未能歸位，引起信眾們無數次的質疑與不解，甚至不滿、難聽的話語都出口了，惟德法師也只能以正在裝修中作說明。其實，根據惟德法師稱說：民國八十八年九月六日（農曆七月二十七日）與東門信譽卓著的西天景商號的裝佛宗談妥彩妝觀音菩薩、十八羅漢和註生娘娘等金身，至今近七年了，期間曾數度請託眾神佛金身早早歸位，無奈對方一

普陀山金剛寶石

拖再拖就是不歸還。惟德法師以拜託的語氣訴說著：若不能裝修還請眾金身歸原位，讓所有信眾得以滿足所求所願⋯⋯就在本文發表後，三個月後十八羅漢終於圓滿回家。

　　如果我們再仔細瞧瞧，觀音亭的泥塑觀音大士的泥土，根據國際知名的上海東方國際拍賣有限公司二○○二年十二月六日的化驗報告：為距今一千二百年唐代左右，來自陝西的紅土；而十八羅漢來自山西泥土，大約距今八百年，不可不謂重大。此處，我們也要呼籲督促西天景的莊佛宗與惟德法師種種的因緣不具足的地方，快快完成佛門的莊嚴功德盛事吧！

　　其實，觀音亭應該留有些文物，只是欠缺蒐集整理，對於瞭解觀音亭的歷史沿革文化不啻是一種損失。

　　另外廟中一尊大聖爺「孫行者」的塑像，早在惟德法師之前廟中就供奉有「大聖爺」，原為是泥塑的，後因傾圮了才由惟德法師改為木雕。「大聖爺」是小孩子的守護神，尤其是成長中的青少年若遇行運中的不順可前來膜拜，都有不小的效果。另外註生娘娘更是婦女的守護神，前來還願的更是絡繹於途。

　　這座人們心目中的古廟，但又不被古蹟鑑定專家學者所承認的觀音亭，依然守護著後浦城，不但是鄉民心目中永遠信仰寄託的所在，也是東門里民信仰的中心，當曉晚鐘敲響一百零八，聲聲梵音依然悠揚傳唱在後浦的每個角落，永遠，永遠。

　　同治元年（一八六二年）首任住持是南安淨圓瑞發禪師，每逢朔望講經說法，以啟信眾人心，同治九年（一八七○年）圓寂去世。後因時局不靖，加上清界令，人事紛擾，一直到日

拾、三炷清香・暮鼓晨鐘靈濟寺

據時代，廟是有一位叫「查謀婆」（炸婆）的婦人看守，婦人膝下並有一位養女，相依為命，同住在後殿。日寇在中街成立金門開發公司（似戰地政務期間的物資供應處）（現今莒光路文化商店，老闆走日本到大陸去）統一調配管制供應金門島的民生物資。青年軍來後將觀音亭作為福利社，福利社遷走後，「查某婆」也不知去向，接著由釋惟德法師管理至今。

在第一次石油危機時（民國六十二年），惟德法師亟思改建已頹舊漏水的靈濟寺，因請建築師畫了透視圖，當時經費約一百萬元即可構工完成，卻被地方人士和某住持所反對，終告胎死腹中。如今，靈濟寺已劃入古蹟，又面對湫隘漆黑的靈濟寺，也只能徒呼奈何了！

惟德法師，字性空，俗名周滋萍，祖籍江蘇無錫東亭，先後肄業於江蘇武進天甯佛學院，上海興慈中學，交通大學鐵道學院，並一度擔任上海申報住南通、無錫記者。

民國二十七年在南通佛教居士林出家，爾后依上敬下人出家於準提庵，民國三十二年四月在無錫惠泉山龍海寺授千佛比丘戒，三十八年毅然暫別僧團和就讀的學校上海南市海慧寺，奔向正在招考的207師青年軍馬車隊，隨著部隊坐（華海輪）隨軍轉進來臺灣基隆，暫駐臺北市中華路的（理教總公所），未及三月即分派到基隆淡水觀音的海岸線，荷起保衛臺灣的神聖任務。

五十年奉准退役，隨住錫本島金城靈濟寺，民國五十二年十月二十三日，下午三時，在金門太武山海印寺陪侍　先總統蔣公。

在先總統蔣公垂詢之後，惟德法師囁嚅的開口：阿爺，多少年來，軍隊時常住於寺廟之中，當然是沒法子

觀音暨羅漢泥塑鑑定書

左：觀音亭草圖。右：釋惟德法師法照

避免，可是安定之後，軍隊如仍住於廟中，對軍僧雙方都有不便……，惟德法師不敢多言，說完後心中只管默念佛號。 蔣公便說：「好！好！好。」在離去時，又仁慈的向惟德法師：「好！好。」

　　不久，先總統 蔣公就命令所有部隊不得再佔住廟宇，已住於廟宇的軍人，也限期遷出，不足十月，所有寺廟全部恢復叢林清淨，以迄於今。

　　民國五十四年中旬，釋惟德法師付楊查某（現住山外）搬徙費新臺幣三千元整。（經手人：魏國榮已亡故）。民國五十四年下旬在南門許家祠內找回靈濟寺地權狀，並繳了多年的地價稅。當時所有權人是：葉瓶娘。惟德法師領到地權狀時，當面將所有權人改為：靈濟寺。就是在民國六十九年九月十日換新地權狀時，所有權人還是：靈濟寺，管理人：惟德法師。

　　但是少數東門人對惟德法師並不了解，甚至有動粗舉動，而仁慈的惟德法師總是不與計較，常說：「阿彌陀佛，菩薩畏因，眾生畏果，不與他計較。」

　　因此，惟德法師也用兩張全開紙寫下自己的感受看法與心願：

\* \* \* \* \* \* \* \* \* \* \* \* \* \* \* \* \* \* \* \* \* \* \* \* \* \* \* \* \* \* \* \* \* \* \* \* \* \* \*

# 靈濟古寺（觀音亭）

　　請以高文化水準，不帶「小說家言」意味，看看這經過，詳細對照「年月日」，縱使不說是惡意中傷，看后也能有持平之論，實事求是。

　　現在法律時代，一切以法律途徑解決，至少對慣於信口雌黃者，及疑慮者有所警惕。佛家講因果，現世報，未來報而已。免得讓其有製造有違事實負面兒戲心態，昧於事實的輿論，種下惡果，延及兒孫，罪業就重了。

（一）靈濟古寺詩：（公元八〇四——一九九二年）

　　　　古剎千載守業難，諸徒莫作等閒看；
　　　　谽谺涓滴中如海，一針一線重泰山。
　　　　一柱一樑宜擁惜，片磚片瓦勿拋殘；
　　　　老僧此語若能守，才是釋家管轄郎。

（二）民國52年6月5日（令）靈濟寺前堂房舍繼續征用。（請細看《52》孝俊字第2333號影本原文）

（三）民國52年10月23日下午3時在太武山陪侍　先總統蔣公要回了靈濟寺，也順帶解決了半個世紀多的軍公教借住寺廟宮祠即民家的問題！有照片及文章為憑。（普門雜誌18）

　　　　民國五十三年十月五日要回本寺，一直在千辛萬苦中，恢復了本寺原貌。從未向全縣等各家戶派（丁）錢，換了您如何辦？我是和尚，將香火錢做功德，拿來補增本寺以及救濟，和尚作本分事，從未得罪人。好希望您出家當和尚，非常歡迎您。

（四）民國五十四年中旬：付楊查某（現住山外）搬徙費新臺幣三千元整。（經手人：魏國榮已亡故）

（五）民國五十四年下旬在南門許家祠內找回本寺地權狀，並繳了多年的地價稅。

　　　　當時所有權人：葉瓶娘。

我領地權狀時，當面改：靈濟寺。

民國六十九年九月十日換新地權狀。

所有權人：靈濟寺。管理人：釋惟德

（六）住持函及照片和新聞：

（七）本寺是全世界性的佛教，不能做出鬧笑話及沒文化水準的決定，出家人要聽從中國佛教會的決定。

中國佛教會第十二屆（80.6.8）第三次全國會員代表大會：

九：「本會理監事等參加團體或私人應酬時，應慎選對象，以免被人利用」案。十：本會第十二屆第三次全國會員代表大會通過臨時動議：

「取消信徒組織……為寺院……權利機構；改為寺院由執事負責案。」本會已函請內政部訂定宗教法，以資改善。本寺法人組織等「宗教法」公布後才能組織，這是時代潮流，建立互信與共識，不因個人好惡而否定對本寺的貢獻。

（八）我們竭誠歡迎希望您發心來靈濟寺：

1.皈依（並發皈依證明書）即參加本寺各項法會活動。

2.佛教會員證（有了會員正代表您是正信佛教徒。）

3.寺中若有重大建設或施捨，您發心佈施了（有上下限）會給您捐獻證明。

有了這最基本的三條件，您才有資格成為本寺信徒參加各項選舉。末後說明：以選任了下屆住持，現已出家，八十一年底，在臺灣南部授戒，他能否在授戒后，返金接受——靈濟寺，為地方發心出力，宏揚佛法，那就看因緣了。

盼望諸位善男信女和他聯絡：

他名叫：王振佑　53.8.29出生，金門東門人

出家法號：自本

依：悟空法師出家

住址：臺北市汐止福安街12號5樓

電話：（〇二）六四七五四七八　妙音精舍

\* \* \* \* \* \* \* \* \* \* \* \* \* \* \* \* \* \* \* \* \* \* \* \* \* \* \* \* \* \* \* \* \* \* \* \* \* \* \* \* \* \*

惟德法師，以觀音亭為念，前後作過數次修葺，但礙於古蹟規定，不能大肆修建，引以為憾。惟德法師平時宣揚佛法，

靈濟古寺大門聯與門神（四大金剛）

與善信舉辦法會超渡薦拔冤親債主，安慰亡靈，先後擔任地區兩屆的水陸大法會的要職，對佛法貢獻良多，深受地區佛教人士推崇。

民國九十七年十二月二十七日，惟德法師作「吐露覆隱」自白：

衲每當午夜夢回，詳細省思，一旦差別因緣時至，心業無相難窺，難防妄想，更難免輪轉墜墮。

故宣告當前，願從本期起及未來各項選舉，請勿將拙衲納入提名單中，沉境牽引，積習深重，以至發於身心，心初盲動，淺深不等，難救苦溺，拔出冤海。

今拈香三瓣，至誠作白，願垂哀愍，下情無任感濤之至。

釋惟德作白
民國九十七年十二月二十七日

＊＊＊＊＊＊＊＊＊＊＊＊＊＊＊＊＊＊＊＊＊＊＊＊＊＊＊＊＊＊＊＊

從往昔到現在環繞著觀音亭四周的下街、觀音亭街、石牌坊、巴剎等是商業氣息最熱鬧的了。周遭有炸鹹粿、煎蚵的、廣東

稀粥、冰廠、汽水廠、金紙店、京果雜貨店、早餐店、理髮店、布店、金飾店、文具店、茱籽店、五金百貨店、中藥店……等。

左：靈濟古寺的建築文物。右：靈濟古寺不同時代的匾額

　　其中的泉發汽水廠成立於民國六十年六月，採股份有限公司，總共四大股。其最大股東是當時金門地區五金總經銷的「承泰行」老闆林姓擁有二大股，林姓由承泰行出資時幣五萬元進行投資，另外的股東是許姓和李性。當初計畫是作製冰廠，由於冰塊奇貨可居，價錢昂貴，一條冰塊切成六小塊，每小塊售價五元，利潤可觀，供應市場魚肉小販冷藏之用，一部分供應市場及阿兵哥所需。後來兼作冰淇淋以應市場所需，生意不惡。不久林姓老闆前往臺南參訪看到汽水的產品有利可圖，及引進汽水製作機具與設備，並將臺南師父引進，教導暨傳授製作汽水技術。這是第一家金門汽水廠，位於金城鎮莒光路，緊鄰靈濟古寺觀音亭旁，日產汽水千餘打，最盛時期擁有員工三十幾名。生產高級飲料，美香清涼的「口樂沙士」、「鮮泡汽水」、「蘋果汽水」及「口樂汽水」，等知名產品，深受軍民的歡迎。而口樂汽水品牌名稱是由美國著名的「可口可樂」簡稱「口樂」而來的。

難得一見的口樂汽水

口樂汽水瓶蓋

當時盧姓投資的「如梅」牌汽水和莊姓的東方汽水廠的「黑貓」牌產品,也都不是「口樂」汽水的敵手,一方面品質好,二方面其他兩家管理不善以及品質不定,終究得不到市場的肯定,而分傳關廠,「如梅」汽水廠如今已荒圮,而東方汽水廠廠房且出售且改建為店屋。

泉發汽水廠生產製造的口樂汽水品牌更是里民的最愛,逢年過節或婚喪喜慶競相購買口樂汽水以招待客人,以顯主人的誠意。還記得兒時有一年的過年,汽水廠的老闆引進數十臺電動遊樂器,因正逢春節期間,一時之間造成轟動,而小孩子最是喜歡騎坐,來至全島各村里的小朋友往往要排隊才能坐上遊樂器享受那騎乘搖晃的新鮮快感與樂趣。

另有一家太平洋冰廠是夏天時東門人消暑的最佳去處,有一年不知為什麼冰廠的阿摩尼亞外洩,無色的臭氣一時之間飄散瀰漫開來,附近居民人人眼睛張不開,臭氣令人掩鼻難聞,紛紛逃跑,避之唯恐不及,在當時造成不小的騷動。

相較於現在的理髮店,兒時的理髮店就顯得熱鬧有趣多了,附近兩家的理髮店可是生意興隆得很,冬季時一天內必須燒上好幾十桶的熱水,以供應客人洗頭的熱水之用,夏季時還請有專人坐在外頭一手來回拉著繩索,牽引店內裝置在天花板下方的二、三橫幅的布條,一來一回帶動空氣的流動,享受理髮洗頭的快意與清風的涼意。這充滿古意的理髮店,也真令人懷念不已。

民國二十六年將「觀音亭街」、「大街」、「中街」、「頂街」等四路段在淪陷前由商會主導全面整建翻新成為現在的莒光路。

從莒光路二十九巷轉二十七巷進入莒光路一段，這就是中街與下街的交接處，順莒光路而下，一邊屬東門里，一邊則屬北門里。

此段兩旁都是櫛比鱗次、各行各業的店屋，熙熙攘攘的人潮，交易熱絡的喊價聲，街況甚是繁榮。這一段街道（下街）本來非常狹隘，而且上有遮雨棚密不透風，在日本手ㄟ的時陣拓寬為現在的街貌，路面則保留一段花崗石步道，每當下雨則常有行人因而滑倒，晴天時太陽高起天空盡被店家的遮陽布所覆蓋，更顯得悶熱而陰暗。

在日本手ㄟ的時陣，街上有日本的開發公司（如戰地政務時期的物資供應處）、鴉片間、還有米店等，但市況冷清，交易甚少，可以說是經濟的黑暗時期，光復後市況才逐漸繁榮，尤其是國軍駐進，為街市注入生機，帶來財源與繁榮，著實是一大助益。

在現在的金門鎮總兵署前廣場（衙口），早年是各種攤位集中之處，曾經有一座中山臺。當時防衛司令部就在衙門（浯江新莊），衙門口空地建有一座中山臺，中山臺兩旁屬莒光路二十六巷為東門里，正對面浯江街則屬北門里。中山臺專供勞軍演戲之所，大約在民國四十五年有一團「全家福」劇團，團中的海珠、海明常被邀請至中山臺勞軍演出，由於演技精湛場場客滿，令人印象深刻。當然勞軍電影的演出，更是吸引民眾的興趣，早早就有人拿起椅頭、長條板凳井然有序的一排排的排起，生怕錯過每場精采的演出。衙門口前的中山臺和廣場是最熱鬧的所在，居民來來往往，小孩子爬進爬出、爬高爬低、玩遊戲、救全國都在中山臺附近，它曾是東門里民共同的記憶和懷念的地方。

中山臺約在民國五十幾年被拆毀，代之而起的是「文化牆」，面對衙門口的一面是地區新聞照片的文宣處，另一面則是報紙的張貼處，有中央日報、青年戰士報、徵信新聞報、正

氣中華報等，在新聞報章不發達的時代也曾發揮不少的功用，但是管理的不善，未能逐日更新，以及站著讀報卻也是辛苦又難受的一件事。

就在中山臺後面有一間三益行，由洪姓和邱姓商人合夥開設民間批局（郵局）作為南洋與金門和華僑與其親友僑匯的匯兌處所，三益行是與設在新加坡的商人合作，由於信譽可靠服務便捷，在地區甚是有名聲，據說遷移至北門的三益行至今依然有零星的客戶在做慘澹的經營。就在莒光路二十七號和三十一號的店面之間有一狹窄的巷弄，幾乎容得一人而過，若是兩人面對而來，必側身始能通過，人們戲稱為「摸乳巷」，而騎腳踏車和光

上：下街街景
下：居民眼中的「摸乳巷」

陽50CC則勉強可通過，但把手因碰撞牆壁而導致傷痕累累，很是驚險。通過「摸乳巷」隨即可達陳詩吟洋樓和奎星樓也就到達南門里的範圍了，所以這一條狹窄的「摸乳巷」是南門里與東門里人來人往最便捷也最繁忙的小巷之一。

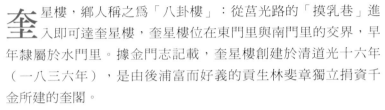

奎星樓，鄉人稱之為「八卦樓」；從莒光路的「摸乳巷」進入即可達奎星樓，奎星樓位在東門里與南門里的交界，早年隸屬於水門里。據金門志記載，奎星樓創建於清道光十六年（一八三六年），是由後浦富而好義的貢生林斐章獨立捐資千金所建的奎閣。

興建在地勢較高的塗山頭上的奎星樓，據說是一處蜘蛛穴。原來塗山頭部分的地勢是由建築完石牌坊所留下的土方堆疊而成的。奎星樓是一座成六角形的二樓建築物，主祀金身鬼面環眼黑鬚，右手握筆，左手執墨，右足立於鰲頭之上，左腳旋空作踢墨斗狀的魁星爺。據金門志記載：魁星公，又稱大魁星君，亦科舉時代崇拜對象。民間對奎星爺又稱魁星爺，主文運仕途如同文昌帝君，可助士子金榜題名，故民國以前的書院、私塾，每在讀書考試之際，師生率同敬拜魁星，所以每一學府都供有魁星，到了七夕，士子在月光下舉行拜魁儀式，相傳清朝時臺灣、福建地區祭拜奎星的牲禮是用公羊頭，後用麵團做的素羊頭，現在已經看不到此類祭品。

俗云：「魁星拈筆點雙魁，文昌留眼送祿來。」當年林斐章獨

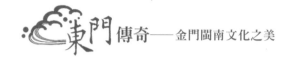

建奎閣，一定期許帶動澔鄉風潮，文運興起，儒林輩出，故捐資興築掌文運的奎星爺，其胸襟遠見，無私胸懷，期許鄉梓後人，實是令後輩晚生欽佩不已！

往昔奎星樓有一座八卦型圍牆，並留有一圓形拱門，前面草地形成驛馬暫時棲息處，且為附近陳姓人家豢養牛馬之處，現在圍牆已無，空間視野加大。但雖經過數次修建的奎星樓，仍然掩不了滄桑的容顏，尤其除了農曆七月七日的神誕日外，皆是大門深鎖，不得其門而入，香火幾乎是零，又如何彰顯奎星的神威與庇佑呢？

根據坊間傳說，魁星爺生前無比醜怪，有著長滿斑點的麻子臉，又是個跛腳子，當時常有人作詩來譏笑他。雖然魁星爺醜怪無比，但人醜志不短，發憤用功，竟然也高中科舉。當皇上殿試時，曾問臉上為何生有許多斑點？魁星爺對答說：「麻面滿天星」。皇上再問為何腳跛？又對答說：「獨腳躍龍門」。皇上見他對答如流，吐辭不俗，不禁龍心大悅，親筆點他為狀元。

還有傳說，魁星雖滿腹才華，但屢試不中，悲憤之餘投水而死，鰲魚將他救起，玉帝憫其身世，後昇天成為魁星。

現在所看到魁星的造形，完全是根據「魁」的字形而來的，「魁」字，屬會意兼形聲字，由一個「鬼」，和踢著一個「斗」字而構成。魁星的形象就變成，「鬼之腳右轉如踢北斗」。從而魁星被形象化——其實就是鬼神化。它被描繪為一赤髮藍面的惡鬼，佇立於鰲頭上。在民間的魁星塑像造型，全身呈現扭曲的形狀，右腳踩鰲頭，左腳跛起踢星斗，右手執筆，左手捧星斗，表示在用筆圈點中試者的名字，這就是「魁星點斗，獨占鰲頭」的意義。這幅尊容常被讀書人視為守護神，以為高中之兆，可見魁星與考試的關係是很密切的。古人傳說奉祀魁星爺可以庇祐讀書順利，又可高中狀元。因此古代的讀書人大多以魁星作為守護神，又是文章之神，不少學子在自己的

左：奎閣。右：魁星爺作醮

宗室廳堂中供奉魁星爺的塑像或畫像，除了庇祐自己的考運亨通之外，也可以向人誇耀自家是一個書香門第。

目前奎閣供奉有大、小「魁星爺」：大尊的魁星爺於民國五十二年由當時的社教館長王秉恒自臺灣請來，先前為綠色漆身，現已改為藍色，是否如相傳的青面獠牙，著藍色衣，或因誤傳而被漆成綠身，實有待考證。

奎閣大門對聯有王觀魚先生題撰的「奎星靜照浯江水，閣柱遙懸武㿒雲」。現在奎星樓為內政部所定的國家三級古蹟。

民國九十一年七月，奎閣重新修峻，並首開祭典，冀祈浯島文風再盛，時金門寫作協會會長溫仕忠先生曾撰聯曰：「斗魁耀浯洲歷代英才光甲第，吉星臨太武千秋賢士煥人文。」以增其盛。

俗謂：「農曆七月七日魁星神誕日」。其實魁星乃北斗星辰，斗宿有七星，故以七日為神誕日，魁星又叫奎星。魁星爺每年七月七日作千秋醮，頭一年因為經費有限全由陳仲菒先生出錢贊助，但每年陳仲菒依然會去義務性作醮。作千秋醮時讀

拾壹、儒林輩出・主掌文運奎星爺

五斗經、老君經、十一曜、三關經，上臺進表、作三清懺，請玉皇上帝等儀式。

住在奎星樓邊有一戶陳姓人家，有一年他女兒在臺不知犯什麼煞而去請教附近的神明，神明說要去祈請魁星爺協助，你們金門自己就有魁星爺，完事後陳姓人家想要為魁星爺作醮謝願而苦無經費，透過人向陳仲苠道長說明，陳道長最後還是全力贊助。從此後魁星爺每年都作醮乙次，希望魁星爺的神威能為信眾所知道，學子們能來祈願、求功名。如果今天真的要虔誠請祂，就可以從香爐的發爐感應到魁星爺是否有來享用信眾的祭祀，據說後來魁星爺曾去找為祂作千秋醮出錢出力的信士，且暗中庇祐。

而祭拜魁星祈求考運順利，榮登金榜的祭品，根據山驗派地理師張雲盛老師的說法：一、紙糊魁星、牛郎、織女擺在天井。二、公羊頭（吉祥）。三、公羊角，煮熟貼紅紙。四、三果：龍眼（狀元）、榛子（榜眼）、花生（探花）。五、香、紅燭、金紙、鞭炮等，虔誠膜拜，努力讀書，必能如願。

**祭拜魁斗星君祝文：**

北斗天樞璇璣權　天衡開陽及瑤光　化成赤髮金臉相　環眼披衣蝶足狀
臉上長滿天星點　此是貪狼真模樣　左腳屈起踢星斗　右腳海上踩鰲頭
左手墨斗封狀元　獨占鰲頭名聲揚　右手握筆點金榜　虔求試子皆題名
尊神座前士子求　祈顯金榜題名成　若有父母求子女　子孝孫賢智慧足

今天，弟子○○○虔敬魁斗星君駕前，求爾佑護弟子○○○，心開茅塞，祛鈍除迷，智慧增長，才高八斗，文治瓊瑰，詞源浩浩，筆陣風馳，文章華國，光耀生輝，文運亨通，考運順暢，金榜題名，獨占鰲頭。

弟子當秉諸魁星聖德，定當廣行善事，濟世利人，值此虔敬吉日，謹備龍眼、榛子、花生等諸禮，以表萬分敬意　伏維

尚饗　　　　　　　　　　　　　　　　　　　○○○　叩上

現在奎星樓雖劃歸南門里的範圍，但管理人依然是東門里的陳姓里民。時代不停進步，人們追求仕林之途千百年來也不

曾改變，如果有一處讓人們的心願可以昇華寄託之處何嘗不是一件好事。民國九十七年文化局主辦的「魁星踢斗、試試順利」，就是一個相當成功的魁星爺文化活動。

就在奎星樓旁有二幢洋樓，位在珠浦東路的五號洋樓和緊鄰的陳詩吟洋樓，陳詩吟在新加坡、印尼事業有成，於民國二十一年返金興建洋樓；不過，才建好的樓房，卻因為日軍入侵金門，無緣啟用。民國三十八年後，陳詩吟洋樓曾被做為文化工作隊及勞軍隊的

拾壹、儒林輩出‧主掌文運奎星爺

住所；在不同期又陸續提供情報單位或學校使用。女兒又長住南洋，乏人照顧，洋樓已露出傾圮之態。據說縣政府本有意購買陳詩吟洋樓，但至今不了了之。

而五號這幢洋樓是向陳詩吟借款先蓋的，後來經費不足，才蓋成今天粗糙的模樣，民國四十七年後來作為金城鎮公所的許氏洋樓，就在最後姓段的一家人搬至臺灣後，留下空空的洋樓，如今鐵門栓已鏽色斑斑，一扇門板業已傾頹，隱約看到一樓廳堂有一幅刻有「忠孝仁愛信義和平」的橫木板垂掛著，以及樓內陰闃窳敗的景象。

從珠浦東路轉入莒光路二十九巷八號，隔著二十九巷一邊是南門里，另一邊是東門里。在民國二十幾年前，這一條扛轎巷子的頭兩家店，以往是打通的，店裡停放著幾張轎子，供客人隨叫隨用，沒事時轎夫聊天泡茶兼休憩，隨時等候客人的光顧。昔時巷子頭臨南門有一家銀行、中藥舖、當舖、五穀菸酒

店、賣豆乾豆腐店、製作眠床的木材店等。另外在當舖與徐氏房子間的小巷子，被一塊長條的石條堵住，石條上留有「此地与界是林氏之業」之文字。

石條上刻有文字

　　就在這一條鄉人口中的「扛轎巷」，也有一幢王氏洋樓，同樣也顯露出歲月的痕跡。曾將洋樓作為新婚洞房的鄭靜觀老師，心中更有不勝的回憶與感慨！

　　王氏洋樓為王慶雲先生所有，據說洋樓是向鄉人承購的，建築於一九三四年（民國二十三年）。王慶雲曾任私立培德學校校長，退休之後，在莒光路開設金門書店，和同街的文化書局形成商場競爭的對手，國軍未進駐前東門只有這兩家書店。後來改做西點，開設「安樂園麵包店」，請臺灣師父來主持，產品多樣，尤其過年時的大湯圓（元宵），更獲得駐軍的喜愛，時逢地區軍隊群集，又巧遇從同慶裕號轉來的煎餅好手林德成先生加入，生意更是熱絡。當時一個麵包賣兩元，比照今天的價錢頗為相當昂貴。

　　因為同行生意的競爭，而有人為他編了一首打油詩：

正名名叫王宜達，人人叫我王阿楣，
贖地剛好對我子，向阮踏阿做楣子。

　　這首打油詩也就流傳在當時同業和夥計的口中。詩中無非戲謔性質，原都是同行一時的作弄，也表現了當時在生活壓力下詼諧輕鬆的一面。

　　王慶雲開設金門書局與同街的文化商店成為生意的對手，尤其在物質缺乏的年代，購買消費低迷，據說當時只要賣個籃球或幾枝毛筆，就足夠二三日之需。

　　洋樓最頂樓有個閒置的空間，牆背只開了一個小窗戶，當時查戶口較嚴格，有時人便可躲在頂樓空間中，順便把窗戶一

左：扛轎巷。右：王慶雲洋樓

關，神不知，鬼不覺，任誰也不會發現。現在已無人居住，又乏人管理，恐怕洋樓也傾圮了。

　　但賺錢生意競爭隨之而來，利潤逐漸稀釋，麵包店的夥計們，也只好主動出擊，背著裝滿各式麵包的籃子，到處販賣以維持基本的開銷，不久，生意隨著主人的去世也結束營業，夥計們也另謀高就，或自行創業。王氏的產業也將洋樓與店屋分做三份，均分給三房子女。只是洋樓等不到主人的關愛與垂憐，在年年歲歲的殷盼下更顯蒼涼與憔悴！

　　洋樓是金門人出洋夢的最佳歷史見證，而每幢洋樓都有訴不盡，道不完的感人故事，這也意味著為什麼洋樓總是孤獨矗立在原地，不改其滄桑的身世的原因了。如果有心人購買下來或透過其相關親人而加以整修作為民宿或經營咖啡賣點等，應該是一個可打造或經營的方向，而不是列為古蹟後，任其在風雨飄搖中。

　　參觀奎星樓後經過陳詩吟洋樓前的小巷往北走經過莒光路二十九巷底轉莒光路六十九巷，在莒光路六十五號邊出口就是「中街」，往觀音亭方向直到衙門口（中山臺）以南的範圍皆屬東門里。另一條通過莒光路二十九巷二號，又回到「摸乳巷」，走出「摸乳巷」巷口，就是莒光路，視野豁然開朗，原來衙門口又進入眼眸中。

# 拾貳
# 「開閩第一」・王氏宗祠
# （王祖厝）

衙門口的對面就是許獬讀書的叢青軒，後來成為金門鎮總兵署，這已是北門里的戶籍管轄範圍。就在衙門口旁有一座在戰地政務期間被作為憲兵司令部的王氏宗祠（王祖厝），是金門王氏宗族的總宗祠（大宗），每年開基始祖閩王三兄弟誕辰日（農曆二月十二日）及冬至日「吃頭」，王氏宗族來至全島各處甚至有遠從臺灣宗親會共襄盛舉，族人共聚一堂，左昭右穆，尊卑長幼，行禮如儀，木本水源，水乳交融，感念祖宗之德澤，族人創業之維艱，以示飲水思源、血融於水的感恩之意。

談到「吃頭」是金門地區宗族組織中重頭戲之一，男子只要是結婚後即可加入「做頭」的行列，即所謂的「做新婚頭」，往後就可輪流「做頭」、「做老頭」，都是無上的光榮，隨著時代的進步，觀念的改變，婦女也可堂而皇之「吃頭」了。

想起過往「一桌看一桌吃」和「賣子做頭」的「做頭」辛酸事，真是不可同日而語。

始建於民國前二年（宣統元年）的王氏大宗祠，為金門王姓族人之總宗祠，當時後浦僅有陳氏宗祠，許氏宗祠及王氏宗祠，可見當時三大姓氏及其他小姓的勢力消長。民國六十四年重修，為二落建築，規模頗為宏偉，據說王氏祖厝為建築名師王挺之所主導建築完成的。後殿有四點金柱、瓜筒、吊蓮等裝飾。最奇特是兩旁牆壁鑲嵌有彩繪的磁磚，盡是開

「忠懿閩王」王審知金身

基祖和歷史人物忠
義節孝故事，以茲
垂教後代子孫。在
戰地政務期間王祖
厝曾被挪為憲兵司
令部之用。

立法院王院長蒞祠謁祖

　　祖厝正殿內的
地板被軍方挖空作
為防空洞，再加上
明堂短淺，視野有
限，頗有內局不
實，外局不闊之狀，好事者以為影響王氏族人的發展，或是笑
譚之一，姑且聽之。

　　二○○七年春節期間立法院院長抵金訪問，順道拜訪王祖
厝，遙祭開閩王三兄弟之功勞，王氏族人無不熱情參與盛情接
待，尤其當時國民黨正副總統候選人渾沌未明之際，挺王派者
無不勸進，情勢大為看好，紛紛以「王總統」高呼，王氏族人
無不與有榮焉。

　　二○○八年閩王王審知金身暨宗親文化交流訪問團，應金
門王氏宗親會邀請於一月十日上午循小三通模式抵金門展開三
天的會香活動。立法院王金平院長表示，「閩王」金身首度巡
安金門，十分有意義。這是一千一百多年來「八閩人祖」「閩
王」首次巡安到金門的創舉，金身駐蹕王氏大宗祠舉行祭祖安
座大典。

　　閩王金身暨王審知研究會會長王大盛率領宗教文化交流
團，走遍東沙、尚義、田浦、山后、營山、呂厝、后宅等十三
處王氏族人聚居的聚落巡安會香。許多王氏宗親說金門已經四
個多月沒有下雨了，這次老祖宗來竟帶來福雨，有人說老祖宗
在流眼淚，感受到金門宗親的熱情。王氏宗親會希望透過兩岸

拾貳、「開閩第一」‧王氏宗祠（王祖厝）

閩王至金門巡安

的宗教文化交流，促進彼此的認識與了解，拉近兩岸王氏族人的千年情感。

「八閩人祖」王審知五代時期在福建建立閩南王朝，採取保境安民政策，努力發展經濟和文化教育，被譽爲「開閩王」，閩王與其兄王潮、王審邽爲後人合尊稱「開閩三王」。宋太祖趙匡胤即位後，有鑒於閩王對福建全境之開發與貢獻，且自中原各大族姓同來者皆蒙閩王恩顧，又多爲福建省各地人氏開基始祖，因此御諡王審知爲「八閩人祖」之封號。

閩王王審知，由威武節度使，而太保琅琊王，繼晉封爲閩王，在位二十九年，享年六十四，諡忠懿王，廟號太祖。

閩王辭世噩耗傳出，舉國哀悼，家家縞素，處處悲號。王府設堂席，寺刹禮懺念經，七終而後。出殯之日，送葬官民，洵山湧海，俱見王之德政遺愛人間。爲仰閩王之功德，詔改閩王府宅爲「忠懿王廟」。先後立「恩賜琅琊王德政碑」，「忠

懿王碑」，並額詔宋太祖曰「八閩人祖」，藉表尊崇。歷朝以來，俱有修繕，官民祭祀，春秋不絕。

至於各邑鄉間，或建閩王祠、或立護國尊王、或築王公宮、王公樓等，並以尊王公、公太、境主等尊稱，以神祇來奉祀。

福建南安市民眾信奉王審知，尊為「開閩尊王公」，是為保護神，舉凡民間婚嫁、問醫、出行、求學、經商、投資、擇日等都要問「尊王公」。

每年秋季要舉辦三天王審知文化節，善男信女抬著四尊金身，到福州蓮花山閩王紀念館參拜開閩三王，燒香添油，盛況空前，實在動人。

而連城縣客家族所奉祀的就是來閩客家始祖閩王王審知，將閩王以客族習俗尊稱為最受尊敬者──公太。每年二月初二至初四「迎公太」，鬧得山城萬人沸騰，盛況空前，足見對閩王的敬仰。就是，當今日本經濟發達，與該國民間有識之士對王審知治理閩疆的研究，有著密切關係。南宋期間大量僧侶從福建走出國門，其中有一高僧在日本講經說法，受當地官員厚待。感激之至，把自己在閩期間所閱歷的和在民間蒐集到的有關閩王王審知廣施德政，保境安民之治閩方略與措施，並取得卓著功績，出現「時和年豐、家給戶足」的昇平景象，一一介紹給當地官員與民眾。此時他們猶如久旱逢甘霖，經過勤謹治理，經濟得以發展，國泰民安，其衣冠之盛甲於日本諸島，這個故事一直流傳至今。

至此福建王氏族人燈號皆以「開閩第一」為榮耀，金門王氏族人自是不例外。

二〇〇九年三月八日，農曆三月十二日首次兩岸三地王氏族裔齊聚宗祠，參與祭祖又再度展現崇親敬祖團結宗族情誼的美德。

# 命運多舛・第一菜市場
## ——巴刹

　　走出王祖厝，順著狹隘的菜市場路走去，這一條路原稱爲「打鐵街」，眼前所看到的是小小的一片空曠的廣場，這原來是民國十四年由金門縣政府、金門縣商會與地方人士在內教場所建的「巴刹」（原名爲第一菜市場）市集的遺跡，在清末民初城區無市場設施，僅在衙門的街口凌亂聚集，因感市場衛生環境雜亂，而規劃在模範街街頭的內教場南面建立新市場「巴刹」。

　　曾經風光一時的「巴刹」市集，民國二十一年六月六日正午，轟然一響，屋頂倒塌，七零八落，幸無傷亡，翌年整建後繼續營業。另在民國三十三年八月三十日，在盟軍飛機誤爲日軍營區而遭投彈下造成悲慘的傷亡，當時轟隆轟隆的炸彈聲四起，飛機遠走後，發現東門池塘頭炸一顆，王爺宮後面姓魏的厝內一顆，孫氏厝附近也有一顆，模範街口一顆，「巴刹」、文厝內天井內也各中彈，這六顆炸彈分別傳出不同的災情，其中以「巴刹」南勢的災情最爲慘重，屋頂被炸了一個大洞，建築物隨時有傾圮的危險，亡者身首易地，屍塊片片，還可看到死者一手持筷子，一塊滷肉還含銜在嘴中，死狀悲慘，令人怵目驚心，此次竟有十九位無辜的百姓枉斷魂。

　　受創嚴重的「巴刹」，直至民國三十六年始由鎮公所統籌規劃後決定修建，修建後的「巴刹」又恢復往日熱鬧的場面，市場內攤販櫛比鱗次，摩肩接踵，生意興隆，也帶動周遭觀音亭街、下街、中街、頂街和緊鄰的模範街的商潮。

　　就在菜市場路五十一號，一片低矮二樓的店屋，是所謂的店面行情最好的「角頭間」，這家就是名聞東南亞的「西天

景」寶號的所在。「西天景」就是以雕刻佛像維生，人稱「裝佛宗」黃榮宗先生，「裝佛宗」的祖先即以來金門裝佛而告定居於金門。自十三歲起繼承衣缽，至「裝佛宗」已經七、八代的祖業。在民國五、六十年代，凡入新宅或廟宇重建落成奠安之時，習俗上皆要裝佛像，為神明換新裝，然後請神入新居，以求神安人安的意義。因此，一年到頭雕神像、裝修彩繪神像就是一門頗夯的行業，但是這門行業卻不容易賺吃，除了要用古製古法、料真術好裝佛外，雕塑人的用心更是不容易啊！再來費功費時，一尊佛像完成至少要耗費兩星期，而且保證要耐用三十年以上，實在是一門很難賺吃的行業。雖然後來機器取代了部分的人工，沒有耐性的人根本進不了此行。八〇年代時將店面遷移至民族路，菜市場路五十一號依然沒退租，只是逐漸衰頹中，「裝佛宗」也暫時卸下重任，享受退休後的天倫之樂，裝佛的事業則由其三子黃水忠（眼鏡）繼承衣缽，繼續慘澹經營中。

有一次，東嶽大帝化身為書生親自到「裝佛宗」的「西天景」佛師家中，向其祖父（佛師）訂作五尊大帝的神像，講明神像尺寸大小，暨費用共計八元。「裝佛宗」的祖父將書生所言一一記載在簿子中，以利依書生所訂作大小尺寸雕刻神像，隨後書生交予六元，尚欠二元就當作事後幫忙介紹生意所賺得的錢了，書生轉生離去，一溜煙不見了。此時，「裝佛宗」的

左：「巴剎」已成停車場。右：「巴剎」的二層樓老屋

拾參、命運多蹇．第一菜市場──巴剎

裝佛宗（右二）‧王裕遠（右一）‧葉華成（左一）
黃雪蔭老師提供‧許維民老師攝影（85年）

叔祖剛好經過聽到書生的說辭很不以為然，就將簿子拿起重重
摔在地上，沒想到原來的六元竟變成了六張的金箔，令「裝佛
宗」的祖父和叔祖，甚是驚異。此時叔祖肚子竟莫名其妙疼了
起來，以為吃吃藥就可無事，但臨傍晚時分肚子痛得劇烈，就
早早休息，在睡夢中恍恍惚惚看到五尊頭戴皇帝帽的神像，不
覺醒來滿頭是汗，但是肚子仍未全然痊癒。

　　第二天一早趕緊跑到東門代天府請示池王爺，經池王爺明
示，原來是將裝佛的簿子摔落地上，對神明大不敬以示懲罰，
必須親至嶽帝廟求大帝原諒。事後只好專程到嶽帝廟懺悔一
番，請求嶽帝的原諒，點燃三炷清香口中喃喃自語請求嶽帝爺
原諒後，神奇似的肚子再也不疼了。而「西天景」的生意竟也
興旺起來，成為金門響叮噹的商號。

　　兩年後，五嶽大帝神像雕妥，廟宇亦落成，乃將新雕塑五
嶽大帝安置新建的廟宇中，除了五尊大帝神像外，「西天景」
再奉謝一尊五嶽城隍爺，連同後來雕塑的師爺構成了最初的嶽
帝廟。

又有一次，金沙「六甲西宮」要雕塑「舍人公」神像，先前已經言明好神像的顏色，但隔天一位小孩子來到「西天景」，對著「裝佛宗」說，神像的臉部顏色錯了，要改換顏色，當時「裝佛宗」聽到小孩的講話聲，不以爲意，只是隨口說說，知道了！就在三天後「六甲西宮」又派廟祝前來說明，「舍人公」神像的顏色要換其他顏色，「裝佛宗」說前天不是已經叫一位小孩來說了嗎？廟祝說，沒有啊！昨天晚上「舍人公」的乩身，才明示廟方，今天我才來告訴你的。此時「裝佛宗」和廟祝面面相覷，兩眼對視，原來「舍人公」早已化身一位小孩來告知了。

「巴刹」中的「清香」飯店，生意更是不惡，「清香」飯店由陳氏兄弟共同經營，販賣湯麵、飯食、各種小吃等，由於生意好人手不足，往往將客人付的鈔票就往掛在天花板的吊籃子丟進去，等到打烊後才將吊籃放下，一面數著花花綠綠的鈔票，一面掩不住內心的喜悅之情，終究辛苦忙碌總是有代價的。華燈夜倦，老闆將魚頭洗淨和上麵線，幾盤小菜，幾杯高粱小酒，老闆夥計加上親朋好友打個牙祭，好個賓主盡歡，人生一樂也。

人說風水輪流轉，在民國五十一年將王爺宮前的魚池填平，部分作爲環城馬路，部分興建成爲現在的東門里菜市場，就是俗稱的「外菜市」。從此「巴刹」就註定走入歷史，君不見現在的「巴刹」廣場已經成爲各方私人車子的最佳停車場，現在部份已改建西式店屋，要不是其旁僅剩唯一一排古舊的二樓店屋在傾訴它的身世，恐怕再也沒人注意或喚醒人們的記憶了。

就在巴刹左邊有一戶百年以上的閩南建築，門楣上掛著「漳州府學正堂弟」的匾額，據屋主言此屋是其祖父就定居於此，是租賃而來，至今依然，就是原屋主至今聯絡不上。想必此屋曾是任職於漳州府的某位學正所居之所，其他待考證。

# 紅樓別影・中西合璧
# 浪漫模範街

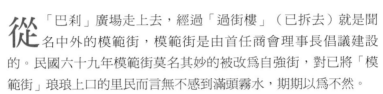

從「巴刹」廣場走上去，經過「過街樓」（已拆去）就是聞名中外的模範街，模範街是由首任商會理事長倡議建設的。民國六十九年模範街莫名其妙的被改為自強街，對已將「模範街」琅琅上口的里民而言無不感到滿頭霧水，期期以為不然。

已逾八十六個歲月風霜的模範街在里民的心目中，那長長的七十五公尺是一條最美麗、最浪漫、最富詩意的街道，君不見華燈初上，一如燈海中的遊龍。充滿南洋風味整齊的二樓紅磚店屋，樓下是洋樓五腳氣的騎樓造型，二樓立面是承接一樓的弧形拱面而來，最特殊的是每戶的窗戶形式，戶戶不同，各

模範街街景

顯風味，最具藝術氣息，在金門建築群中是唯一充滿中西文化街道的代表作。

　　從民國十三年（一九二四年）原爲明鄭時期的內較場，興建了總共四十幢櫛比鱗次的店屋起，歷經日本手ㄟ的時陣、戰地政務、民國直至現在，期間的興衰起落，回首模範街一路走來的滄桑歷史，不啻是金門近代史的縮影，就如民國十七年臺灣人吳添壽就是在模範街開設全縣第一家照相館一樣，留下篇篇口耳相傳的話題。

　　另外，根據金門日報記者報導：模範街與東門里是無法切割的，從中街、下街、觀音亭、石牌坊、巴剎與及模範街構成了一個繁榮的商業生活的臍帶，一度興隆熱鬧的模範街，隨著地區的建設與進步，巴剎拆毀移除了，隨後衛生院移往新市里，郵局遷往民生路，甚至最後遷走的金門縣政府，也帶走不少的人潮，加上模範街與巴剎相連用磚砌成「模範街」三字的

左下：模範街迷人的夜景。其他：模範街獨樹一幟的各種造型窗戶

磚紅色過街樓拱門，無故拆除，但模範街依然不改其浪漫的本色。其後「金城鎮形象圈」的設立，新興的行業又進駐了，觀光客如浪般一波波而來，還有穿梭不停的居民，未來若有計畫的執行「老街再生」，加上有利的招商與規劃特色商店，模範街的生命依然可以是多采多姿的。

　　二○○九年二月筆者再次做田野調查，發覺隨著觀光氣氛，為丁字型的模範街已有部分的店面陸陸續續進駐，為這條街帶來幾許的生機，但部份的店面門扉深掩，一身憔悴、露出

疲態、默默向路人無語的凝視……好似再渴求旅客的憐愛，訴說過往的歷史。

　　但願海風再起，人潮再現，恢復昔日繁華歲月。下頁圖示表明目前模範街的生態，或許將作為往後屬於這條街生命的歷史軌跡與變遷的見證。

模範街的傳統燒餅

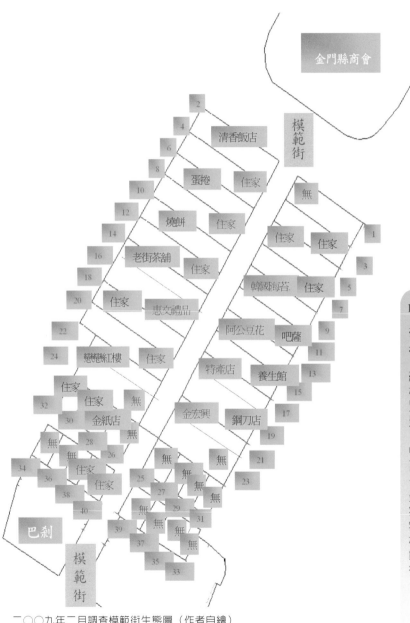

二〇〇九年二月調查模範街生態圖（作者自繪）

# 拾伍
# 帶動商機・服務卓著縣商會

「媽祖」金尊

位於模範街頂的三樓建物是金門縣商會，金門縣商會成立於民國七年，於茲近九十年，可以說是本縣職業社團中最早成立，且歷史最久的社團。目前還存有一「商會」的刻石的文物。民國十二年是以當時一千銀元的金額向行政公署購得觀

金門縣商會會址

德堂（昭德宮）作爲會址，並成立金門商業學校，作育英才，獎掖商業後進，傳習商業新知，貢獻特大。

在日據時期曾作爲「金門島臺灣總督府出張員事務所」業務一度停頓，商業一落千丈，但在歷屆理事長暨總幹事苦心經營擘畫之下，業務蒸蒸日上。縣商會也曾成爲金門縣縣政府府址，民國四十九年十一月縣商會申請登記核發土地所有權狀，權狀爲金門縣政府（四六）字第二二二號，但里民寧願深信縣商會之土地是城區四里所共有。

民國五十六年縣商會向臺灣採購國旗（連桿）四百面，配購各商店，於各種節日懸掛，以示愛國之忱；民國五十七年設立本縣商業專用電話莒光交換機……等，以促進地區工商業繁榮，作政府與工商界之橋樑，面對新的消費對象與龐大的消費能力，縣商會展現了蓬勃的朝氣，促進地區經濟繁榮與發展厥功甚偉。

後來金門縣政府在屠森冠縣長任內喬遷至民生路新址，當時縣商會出版紀念專書也委請屠縣長題字留念。

　　縣商會自第一屆理事長傅錫琪就任以來先後有陳卓環、李逢時、劉鼎盛、王長水、李中雄、汪載隸、陳景賀、楊肅元、李錫民、陳高青、許峻民及現任蔡天送等擔任，每一屆任期二年左右，歷任理事長皆努力經營，對地區商業貢獻特多。

　　縣商會在戰地政務時期（六十年代）曾挖有地下坑道，由當時擔任警員的莊長文先生監工，耗費半年時間完成，建造非常牢固，坑道的出入口正好位在當時屠縣長的臥室，與金城地下坑道相通。縣府遷至新址後，商會建新大樓不得不避開怪手無法破壞的地下坑道出入口，造成現在大樓稍偏右一公尺左右，無法與模範街對齊，如果您登上三樓往下俯瞰更是一目了然。後來一樓改裝作旅社後，即將地下坑道出入口封閉，以減少不必要的麻煩。

　　商會三樓的「昭德宮」（觀德堂），供奉全縣所公有的邱、蘇府等王爺。

　　「昭德宮」現在亦屬城區四里所共同管理，後來經商議，香油錢由城隍廟代管，並由城隍廟代主持廟內事務。奉祀蘇、邱、秦等王爺，以邱王爺四千歲為首，秦王爺則出巡在外，再待十二年才回宮中。「昭德宮」乃源於金湖鎮新頭「伍德宮」之四王爺，於前清時即在武營供奉，統稱為「四王爺」。另鳳翔新莊之「宏德宮」則為「伍德宮」之梁王爺三千歲。

　　「昭德宮」之神醮日為每年農曆的三月二十日，另配祀媽祖金尊，神誕日時必須至位在湖下之媽祖（大媽）祖廟請火。

　　商會最近一次改建後，樓下出租作為旅館之用，三樓兩旁則為商會辦公處

和金門汽車同業公會辦公室，中間廳堂則為「昭德宮」（觀德堂）。在附近的廟宇中「昭德宮」的香火相對顯得冷清多了，也許是位在「高高在上」的三樓，上下樓梯對膜拜信徒非常不

四王爺

便，也只有作醮日三月二十日和四月十二日時才有一點熱鬧的氣氛，平日早晚燒香添油及清掃的工作除了義務里民外，也由商會就近協助管理。

現在因為少數人不同的的意見，假借神意亟思要回縣商會的土地，以為重建昭德宮，而造成人與神的不安。縣商會亦表示，如果縣政府願意為他們尋找新地點，他們也願意讓給昭德宮，或者尋找一筆經費將三樓的「昭德宮」重建為宮廟建築型制。所謂：「三分神，七分人。」其實神要靠弟子，弟子也要靠神明，是互相的，就待良機與有緣人吧！對「昭德宮」暨神明而言是如此的。

里民說：「四王爺」愛安靜；里民說：「四王爺」鎮住了地靈；里民說：「四王爺」是神祇，而「宮前祖厝後」皆不利人居，尤其將「過街樓」拆除後，模範街形同無可庇護的屏風，風煞就直衝入金門縣商會的大樓，而昭德宮也無屏風可阻因而產生莫名的煞氣。所以模範街總是有些許的冷清與寂寞，可愛的傳說故事，總是伴隨里民的生活傳唱下去……

# 拾陸
## 時空變異・文厝內成停車場

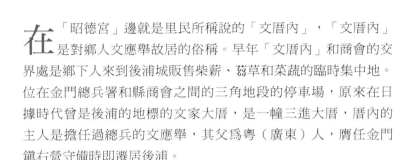

在「昭德宮」邊就是里民所稱說的「文厝內」,「文厝內」是對鄉人文應舉故居的俗稱。早年「文厝內」和商會的交界處是鄉下人來到後浦城販售柴薪、荔草和茱蔬的臨時集中地。位在金門總兵署和縣商會之間的三角地段的停車場,原來在日據時代曾是後浦的地標的文家大厝,是一幢三進大厝,厝內的主人是擔任過總兵的文應舉,其父為粵(廣東)人,膺任金門鎮右營守備時即遷居後浦。

文應舉字君賢,號矛山。嘉慶元年應舉以外委從總兵李南馨擊賊有功,任廈門右營游擊,隨即升任參將、副將,道光年間擢升揚江鎮、瓊周鎮總兵。其子叔姪先後投效軍旅,子孫歷任千總、守備、總兵功績顯赫一時。歷民國以來文應舉後裔散居海外,不乏有博士、教授的子孫,真不愧是將門之後。

現在人們口中的「文厝內」,早已在民國三十三年遭盟軍轟炸毀於炮火中,成為一片平地,但因總總因素,致使文氏後代子孫未能將故地重建,後來文氏後人文安妮從美國返鄉向縣政府陳情,好不容易留下一片祖先的土地,現在由其子孫規劃作為私人收費的停車場。即使如此「文厝內」依然成為人們口中傳說的故事的話題。

民國九十四年十月二十六日文應舉第八代孫文先知、文先覺(北京大學法律系畢業)兄弟分別從香港和印尼返回金門,筆者曾經在民生路某家特產店巧遇,兄弟雖住不同地方,但感情彌堅,認為自己是金門人,一定要回鄉看看,並至古崗村文應舉古墓祭拜其祖先,以圓滿慎終追遠、飲水思源之願望。

121

拾陸、時空變異・文厝內成停車場

由「文厝內」往金城公車站走去，一邊是屬於珠埔東路四巷的東門里，一邊則是北門里所轄，附近一帶就是所謂的「草埔尾」。此地本為民國四十八年警察局所建房舍，五十六年又增建

從高處眺望東門里（局部）高樓林立

宿舍。後來警察局遷至「總兵署」，自來水廠則作為辦公地，七十年水廠遷至金山路的農試所遺留的舊址，原址於七十年讓予東門里、戶政所和北門里作為辦公處，現在則由許氏宗親會出租作為商家營業之用。

另一旁一幢二樓為民國五十六年興建作為消防隊之用，在消防分隊遷走之後，現在已出租作為商家之用，此地有一座立姿持帽歡迎的先總統蔣公銅像，經過數次的整修永遠不變的是銅像的身影，最近一次的整修使得銅像周遭的視野更開闊了，也使此地以車站為主的商圈儼然成立。

走上山坡就是「許厝墓」的一部份，這裡是許氏始祖（月阿墓）和二世、五世安葬之所。「許厝墓」在國軍未進駐前，原本有一條田埂間的小路蜿蜒至圓環，民國四十二年胡璉將軍拓寬為民生路，將「許厝墓」畫分為東西兩邊。

相傳「許厝墓」最早是陳氏族人所有稱為「陳厝埔」，許氏始祖許忠輔入贅於陳氏後，將其母葬於素有「飛鴉落田」穴的「陳厝埔」風水寶地，之後許氏風水發達起來，許氏族人

竟繁衍成族，威脅到陳氏族人，不得已之下陳氏族人乃遷居埔後，但鄉人仍然稱爲「陳厝埔」，於是許氏族人利用每當掃墓祭拜之時，將「風車餅」、「銀寶」和錢文撒在祖墳的四周，然後向鄉人聲稱：到「許厝墓」分「風車餅」、「銀寶」，到「許厝墓」撿錢文。鄉人問起：「在什麼地方分送？」許氏族人就說：「在許厝墓」，經過數次後「許厝墓」的稱呼已經在人們口中流傳開了，不久「陳厝埔」則成爲歷史的記憶，相對的「許厝墓」則已掛在鄉人的口中。

　　就在「許厝墓」入口處，即舊的金門常青會附近，是民國四十二年民營汽車客運公司之所，有條黃土路穿越「許厝墓」的山坡直達現在的公車站前方廣場。當時是以吉普車改裝爲兩旁有座位的交通車，客人是從車尾上下車，每當行駛往沙美、古寧或山外等路線，晴天則滾滾黃塵，瀰漫天空，滿是塵垢；雨天則泥濘滿地，車過之處，泥水四濺，顛簸不堪。但當時已是全島最方便的交通設施。民國四十四年遷入北門北嶽廟右前方一帶，又開啓了交通新的一頁。

　　金門精神堡壘原位在「許厝墓」前，民國五十六年耗費新臺幣九十多萬元（當時可以建民族路店屋十幾棟），政委會委請兵工協建，高七公尺半，長十六公尺，圖雕爲舉世聞名的古寧頭大捷光榮戰史圖案，旁邊刻有「毋忘在莒」運動七大精神，內有噴池、花架、花臺及路燈等。因此地有許氏開基祖

左：月阿墓。右：劉安祺將軍題字的「復國亭」

瑩，許氏族人一再與政委會、縣政府陳情金門精神堡壘高度過高，且古寧頭大捷浮雕中盡是持刀拿槍有破壞其祖先瑩墓風水及後代子孫發展之疑，建請當局轉國防部將精神堡壘遷移他處，以慰其祖先之靈，後來精神堡壘果真被剷平，並在今環保公園內重起爐灶，但是已失去了原先的神韻與風采。

另外在東、西左右側建有涼亭各乙座，其中一座是民國五十九年九月由劉安祺將軍題字的「復國亭」，最具歷史紀念意義，亭成橫式六角狀，面積甚寬敞，為遊客及早起人遊憩之所，此地原被規劃為「金城公園」。目前此處業經整修一新，原來是鎮公所為配合許氏墓園的整修，利用所謂「東門公園」名目的建案，特編預算將許氏墓園一併整理翻新。

在公園內有一座仿「自由女神」的天使雕像，白色的彩繪和雙翅襯托出雕像的純潔與神聖。這座女神和西方之「自由女神」大異其趣，由於所處時代的不同，此處女神右手亦如「自由女神」高舉火炬，左手則捧握著中華民國建國指導方針《三民主義》一書，頗富有戰地政務時代的巧思。據鄉紳言，此座雕像是在石炳炎鎮長任內設立的。當初軍方想將此地劃為管制區，後經許世英先生力爭，才保有今天的局面。據鄉人言：「許厝墓」之土地所權是分別登記在幾位許氏代表的大老的手中，有的已經送回許氏宗親會，有的則不了了之。

# 拾捌 軍事堡壘．交通要樞東門圓環

**東**門圓環：為往東門菜市場、莒光樓、珠山、古崗、水頭和金寧、山外所必經之要衝。此地本為防空兩用堡，碉堡上架有雙管防空火砲，令過往人等無不生畏，直如戰地政務解除後，駐守的砲兵調走，只留下空空一座堡壘。矗立在路口，以一身迷彩的裝扮，訴說著戍守在地金門的過往歷史與傳奇故事。

　　林務所每季在四周圍種有精美的花草美化，砲壘上有金酒公司的八二三高粱酒的大型酒瓶標誌，牆壁則已成為文化局免費的活廣告看板。其旁有一座建於民國四十初年的鋼筋混泥土候車亭，以往是金門公車的候車站，若有軍事演習或重要高官來訪（高賓演習）屋頂上則成為制高點，常可看到架起機槍的戰士，現在則成為乘涼聊天的好去處。

　　往伯玉路一段的路口，在左手邊是一座從戰地政務就存在的加油站，隨著地區的開放與經濟的繁榮，現已為民間所經營，但在眾加油站的競爭下，考慮到經營成本與利潤，也不得不在九十七年歇業。

　　現在成為公車處金城車站公車的泊車處。再往前一座鐵皮屋蓋成的大賣場出現在眼前，這一類型的賣場最近幾年在伯玉路旁紛紛設立，業者使出各種促銷手段，讓消費者更有選購的利機，當然一番行銷苦戰在所難免，其中一家也是其他家飲品的供銷商，非但批發利潤低，自己零售也得比照他家價格，經營頗為辛苦，但總為消費者帶來購物之便。

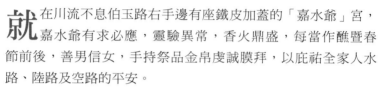

嘉水爺金身

就在川流不息伯玉路右手邊有座鐵皮加蓋的「嘉水爺」宮，嘉水爺有求必應，靈驗異常，香火鼎盛，每當作醮暨春節前後，善男信女，手持祭品金帛虔誠膜拜，以庇祐全家人水路、陸路及空路的平安。

據鄉人稱：「嘉水爺」伯葬後得到一個風水寶地——「走馬天宮」穴，故靈驗異常，香火不斷。先前住在榜林某位村民路過此地，忽遇一陣陣風沙心中很是不快，隨即口出穢言，第二天竟大病不起，後經人指點前往祭拜懺悔，才得痊癒。又據說一位早餐店老闆一夜夢見牽著一條牛，而牛不小心摔跤了。第二天早餐店老闆所僱請的幾位店員中竟有一位騎腳踏車行經該處摔傷了不能前來上班，事後大家談起原來早餐店的老闆和夥計們的生肖都是同屬肖牛的。

另筆者小時候有一次與兄長騎腳踏車，車後拖著一輛人力手推車從東洲村回東門，竟也在此地翻車，人車滾落到「嘉水爺」廟旁，將綁在兩旁的紅彩布條壓垮，至今偶而憶起餘悸猶存；又前屆立委選舉期間，選民憂喜參半，不知誰人能當選，因而有為某立委支持者（已過世）前往「嘉水爺」伯請示何人當選？籤詩明示：「梅開二度」，開票結果果真如籤詩所言。

「嘉水爺」伯位在車水馬龍的伯玉路旁，是過往人車等的必經之處，因此善男信女膜拜不絕，四時香火特盛，尤其附近的「佛祖宮」佛誕日，鄉人亦不忘前往「嘉水爺」伯燒香拜拜，祈求全家大大小小出入順遂、行車平安。

據說：當年蘇府王爺從新頭赤腳走到城隍爺廟祈雨時，路過此地，也需「嘉水爺」伯的允許，當時「嘉水爺」伯不讓蘇

王爺經過，氣呼呼的蘇王爺走到榜林的王公興師問罪，沒想到王公向蘇王爺說：祂也沒法度。蘇王爺只得回去新頭想辦法，後來蘇王爺就施起符咒，並將一大石塊壓在「嘉水爺」伯的墓頭上，藉此壓制使祂無由再作弄；而「嘉水爺」伯要進入東門境，則需要池王爺的首肯，看來神明的世界也自有其神格的高低、組織與管轄的規則，但祂們也都同樣護衛著地區的黎民百姓。

再往伯玉路走，右邊是一大塊的農業用地，南界浯江溪，西至環島西路交界處，除了一間大賣場，盡頭就是一幢「觀音亭」所屬的建築物，是「觀音亭」專為十方信眾做佛事功德焚化紙厝、山水、紙車、婢女、轎夫、庫錢等等之處。

據鄉老稱：此地曾經要作為「金聲戲院」的院址，只因一、二地主眼光稍短淺，未克竟成，否則東門里的發展與繁榮豈是今日局面而已。

嘉水爺廟

# 貳拾 糞土變黃金‧潛力無窮
# 工業區‧黑土頂

自來水廠

在伯玉路左邊則規劃為「工業區」，有養雞場、小型鐵工廠、五金行、餐廳等等，大部分還是空曠的處女地，有待重新開發，但都市計劃規劃為「工業區」，總令人有名實不符的感覺。

在伯玉路一段紅綠燈處轉往東洲村的東洲路右手邊皆屬東門里的範疇，右手邊的「黑土頂」有一大部份的田地在戰地政務期間曾是農業試驗所實驗種植菸草和水稻的田畦，一畦一畦的稻田，有著農試所工作人員的心血與期待，很可惜所試種的稻米在土質與氣候欠佳的因素下，未能推廣全面種植，金門人的主食依然無法自足，仍然全賴外地進口，如何克服先天的環境氣候或改良水稻品種適合在金門生長，更是農業生化科技研究的一大課題。

此地挖鑿了三個大水塘，以供應灌溉水稻所需的水源，枯水時期還需要抽水馬達協助灌溉。在燠熱的夏天時常可以看到農試所豢養的身軀龐大的「黑牛港」，沉潛入水中只露出一對巨大的牛角在池面載浮載沉，享受泡水的樂趣。

由東洲路往前可達金酒寧山倉庫、機場，右轉則是林湖路再右轉浯江路與對面的金寧鄉的下后垵遙遙相對，從后垵直下沿著浯江溪的支流，溪上加蓋後的路面並不會使此段路面更

加寬廣，往前的路口就是金山路了。由金山路往前走就是自來水廠、度量衡檢定站、縣議會、警察局等機關。

上：金門縣警察局
下：金門縣議會

這一大面積的土地古早期是「外較場」的一部份，後來則成為農業試驗所的土地，在農試所搬遷至后龍後，原來的辦公處所就由自來水廠進駐，而另一大片作為實驗各種高粱、花生、蕃薯、水果樹、蔬菜的土地，就成為縣議會和警察局的機關；其中縣議會行政大樓是在民國八十三年元月落成。

民國八十一年十一月七日金門縣終止戰地政務，將原來的「縣政諮詢代表會」依法改制為「臨時縣議會」，民國八十三年元月依地方自治綱要及臨時縣議會組織規程，並於同年與臺灣省第十三屆縣市議會選舉同時辦理本縣第一屆縣議員選舉，至今年已歷四屆，並將於三月一日就職。

而以「提高警政效率，加強為民服務」為施政主軸的警察局是在民國八十四年三月由浯江中心（今總兵署）遷至金山路十五號的警局大樓。

金山路的另一邊則是已廢除的金門縣屠宰場，金門縣屠宰場已遷往金沙鎮中蘭。想起以往在凌晨一、二點屠豬的淒厲慘鳴叫聲，在靜寂的夜空聲聲鑽進里民的耳朵和白晝午後時摃牛的哀鳴聲，至今叫人悲憐無已！記得戰地政務期間某一任縣長為了防範辛苦種下的樹苗被牛羊啃食或踐踏而死，造林無由成功，因此下令凡是家戶中豢養的牲畜牛羊等一律送到屠宰場宰

129

貳拾、糞土變黃金・潛力無窮工業區・黑土頂

殺，違律者罰錢，重則關緊閉，一時之間家家戶戶將所豢養的牛羊送進屠宰場，只見哀鳴四起，血水漂流，屍體橫陳堆疊似一座座小山，甚是怵目驚恐。今現址已規劃為「國有財產局金門分處」與「國稅局金門稽徵所」的建地，目前正在施工中。

舊屠宰場的前身

　　還有董林溪中長年的陣陣血水、穢物，加上陣陣的臭氣和滿天飛舞的蒼蠅真叫人退避三舍。屠宰場遷至中蘭後有一段時間是農復會輔導的金城果菜批發市場，現在則在養蚊子。再往前則是「林家花園」，解除戰地後地區土地一片飛漲，前途看好，當時有金主出價新臺幣貳億元欲買下林家花園，可惜林家花園地屬林氏祖先遺留之地，礙難售出，但，擋不住社會的繁榮與進步趨勢，據說又以壹億元新臺幣售出，想在此蓋高樓華廈，創造另一個春天。目前推案已建到三樓。

　　在三、四年前鬱鬱蒼蒼的竹子圍繞著花園，只留下向馬路的一個大門，總讓人有庭院深深幾許的神秘感，急欲探究花園中的虛實，茂密的竹林隨著四季的遞嬗變化穿著不同的衣裳，好似絢染在一幅色彩濃稠的風景油畫。

　　花園四周蒼翠繁密的竹林儼然是一座童話故事中的綠色城堡，是東門里值得規劃的景點，很可惜現在已是光溜一片，百年來生長不易的蒼翠竹林旦夕之間被怪手一一剷平，留下的是不搭調的房子，和令人惋惜的嘆息聲，著實令人唏噓不已！未來取而代之則是一幢幢水泥叢林的建築兀立在刺眼的綠地藍天中。

　　進入金山路、環島西路、北堤路的三叉路口往右是「大橋頭」，而正對面的「愛國將軍」廟整修後氣象煥然一新，守護

左：昔日的「林家花園」。右：字跡已斑駁的「金門汽水廠」

著過往人車的平安，尤其在深夜時分路過此地，兩盞「雞心」燈火，像在指引人車平安回家的方向。

　　緊鄰其旁的一幢傾圮的水泥瓦屋處，民國五十七年是金門汽水廠的廠址（如梅汽水廠），生產梅花牌等汽水、沙士和冰淇淋，後來因私自與小金門師部定約銷售汽水，疑似偷漏稅，被查獲而遭罰鍰十倍的罰金，而終告資金短缺，加上經營不善，閒空至今乏人管理，原先的一道圍牆也不復見。此汽水廠緊鄰浯江溪邊，或因為犯路沖，氣場不穩，逢流年時易生意外失財之事，可惜！

# 湖光山色・巍峨宮殿莒光樓

環島西路的左手邊是一家賣場，再往前斜坡處就是莒光發電廠，民國五十一年，臺電撥贈發電機，臺灣區水泥公會和臺灣區機器公會捐贈水泥及鋼筋而始興建的莒光發電所，當時以三千三伏特高壓送電，專供金城鎮用電之需。目前該發電廠噪音設備頗為完整，但在午夜時分，從電廠穿越浯江溪而來的北堤路房子似有若無聽到來自電廠發電機的引擎微微的震動。現在的民生用電則全由水頭的發電廠總攬其職，莒光發電廠的十一部發電機，經過歲月的摧折僅剩二部可用，本想支援夏興電廠因而作罷，現在已改為轉供電的電廠，因此如果城區停電，則應向莒光發電廠反應，而莒光發電廠再向水頭塔山發電廠反應。

而在電廠圍牆外後側，有一座「王總墓」，是前清男武略騎衛之母暨夫人之墓。

墓前有一簡樸四柱三間一層石牌坊，門柱上面刻有一幅對聯：「槐列萱庭傳孟織，桃開瑤園映萊衣。」

墓碑上右邊刻有「乾隆乙卯年」、中間刻「皇清敕贈太安人順城汪氏塋」及「附葬男武略騎衛樸齋王公」和「暨媳婦受封安人勤慈蔡氏」分刻兩旁，左邊「孫、子定邦立」。墓前一對造型活潑石獅

上：莒光發電廠
下：王總墓

子，依然守護著主人，根據推測「王總墓」的主人是王定邦之祖母暨雙親之墓。據說「王總墓」是葬在梅花蟹穴上，風水頗佳但是明堂前犯煞，即在墓前用石條築成一道圍牆以擋煞，但在日據時代被日軍拆毀做防禦工事，遇流年時易形成煞氣破壞了風水。目前「王總墓」蔓草荊蓁荒莽處處，而其後代子孫散居他方，乏人管理甚是可惜！

　　走出「王總墓」，回到環島西路轉入右手邊的岔路，名聞中外巍峨的莒光樓早已矗立在眼前。

　　民國四十一年由軍民同胞共同出力出錢所建成的莒光樓，飛簷畫棟，朱碧輝煌，為建築名師沈學海所設計，仿古宮殿型制建築，佔地二千多坪，是金門新二十四景「莒光遠照」之一。取先總統蔣公「毋忘在莒」的訓示，藉之宏揚光大「毋忘在莒」的意義，而「莒光樓」三字為大二膽戰英雄賴生明所書，早年作為中外來賓簡報場所和心戰中心，三樓則為民國五十五年三月設立的金門縣歷史文物館，陳列金門先賢歷史文物、古玩、書畫以及本縣文化歷史有關之書籍及藏物之處，共計有三百餘件，琳瑯滿目，美不勝收，曾引起中外來賓絡繹參觀爭睹為快。此番莒光樓經過整修，自是一番不同景象。

左：金門縣旅行商業公會。右：金門縣莒光樓茶藝早覺會

　　先前吳萬谷先生詠莒光樓詩句中的：「輕球海飄與空飄，爲寄靈犀過海招，……更上層樓一采風，古今文物燦然豐。」的情景則已成過往陳跡歷史。

　　現在的莒光樓內部的陳設充滿現代意味的廣告看板，早已失去它足以代表金門的實質精神與內涵，雖然它曾走入新臺幣裡，成爲郵政總局發行量最大的國內風光景點的郵票。

　　小心翼翼走下石階，左邊是波光瀲艷莒光湖景點，莒光湖的「珠江夜月」是金門舊八景之一，也是金門新二十四景「浦江煙雨」組成的美景之一。

　　湖畔一幢新的建築，有「金門縣旅行商業公會」「金門縣莒光樓茶藝早覺會」身處其中，做爲公會人員的聯絡情誼及辦公之所。

　　莒光湖經過數次的整修，和原來舊有的涼亭、九曲橋等景物和寬泓的湖面與往昔大異其趣，雖然再也看不到水草、水鴨子但也不失湖光水色的一面。就在湖端有兩座鐵皮屋，靠浯江橋的是屬南門里老人會會址，經年看到國旗和會旗在空中飄揚，而另一頭則是浯江老人會會址，白天是老人們歡唱卡拉ok聚會聊天的場所，晚上則是東門巡守隊的隊址。

## 深夜的守護者・東門里守望相助隊

東門巡守隊成立於民國九十二年，目前有八十位自願服務犧牲的義務隊員，由里長蔡祥坤兼任大隊長。

巡守隊的成立對於里民的居家安全、協助警方維護治安有不可磨滅的貢獻：尤其午夜時分，寒風冽雨穿梭在東門里的大街小巷，注意可疑人等，防止宵小或異常門戶或協助處理交通或苦勸深夜不歸的青少年或協尋失蹤人口……等大大小小的事都是隊員們的職責。就如去年夏天金門日報登載一件離奇車禍事故：「石雕公園離奇車禍，車子豎立『阿都』有驚無險。原來當天星期二午夜輪值隊員在東門和北門交界處的金城車站斜坡處，發現兩位醉醺醺的「阿都」在互毆，不時滿嘴的英語和國語夾雜的穢語，隊員隨即以手機聯絡警方處理，兩位警員一到，就在拉扯之間，一位「阿都」趁隙假裝沒事一路走下坡，此時一輛超速轎車倏忽而過，警員一時錯愕，就讓超速者逃逸，走下坡的「阿都」也趁機駕車逃了，沒想到就在石雕公園發生有驚無險的離奇車禍，整輛車子直豎起來，「阿都」則無生命危險。

參加巡守隊的隊員們本著一種服務的熱誠，大家願意犧牲為自己的家園略盡棉帛之力。民國九十四年內政部警政署實施「六星計劃」將巡守隊更名為「守望相助隊」，不管更改為什麼隊名，所有隊員的犧牲與奉獻卻永遠不變。

走出巡守隊部就是浯江溪停車場，浯江溪從浯江橋至莒光橋的溪面已在民國八十七年加蓋，並成為公共停車場，總共有四百二十二個停車位，停車場曾一度收費，設有專人看管，並配合警方強力取締東門菜市場周遭違規停車，希望民眾能集中

停車，以保市場周遭早為人們所詬病的交通亂象，沒想到一聽要收停車費，一夕之間停車場上竟是門可羅雀，民眾對於收費一事還是不以為然，不能接受，最後在收費不理想下撤站開放自由停車，星期假日偶而才會看到車潮，但車位總是停不滿的浯江溪停車場就這樣日夜的閒置著，也無專人管理了。最近停車場的中間車道的路面水泥已剝蝕處處，多少對行車的安全性有些影響，令人意外與欣慰的是，就在本文完成後的第二天，停車場的路面竟然已在整修了。

最可惜的是當初建停車場時，竟將後浦居民心中共同的記憶——「兒童橋」給一併拆毀了。

記憶中的兒童橋橋面寬約二公尺，長約近二十公尺左右，為鋼筋混泥土建造，有橋墩基座乙座，為支撐整座橋的主結構，橋面兩邊圍上約五公分粗細的鐵欄杆，橋面可容兩人同時並肩而行，因其相對於大橋和新橋而顯得橋身嬌小玲瓏，簡直是一座小橋了，可能因此之故而權宜命名為「兒童橋」，或另有原因正待考證。兒童橋曾陪伴過無數的人們，也為不少的鄉親留下美麗的倩影。

兒童橋，日日月月看盡了浯江溪的潮起潮落；看盡了晨光與夕陽；也看盡了來來往往的眾生，但它卻默默堅守崗位，奉獻與犧牲它的一生，從不求任何的回報。

兒童橋終究難逃被拆毀的命運。在拆毀的當日我目睹怪手一剷一剷將橋身破壞，猶如將我的美好記憶一一掃除吞噬一般，心中雖充滿萬般的不捨與無奈，但徒呼奈何呢？就連安坐於橋頭的橋碑乙座也傲然走入了歷史。

對我而言，失去了一座兒童橋，不但是地區建築歷史的損失，更是人們無知與貪婪的顯現，且讓歷史留下傷悲與哭泣！也讓人們在追求進步之時，有另一層次的省思吧！

## 貳拾參 金門長青會‧老人休閒好去處

停車場邊的風雨庭

步行在浯江溪停車場的水泥路面，看到路面粉刷的表層剝蝕不完整的水泥面，心中有無限的感慨！抬起頭來，右邊新建的一幢大鐵皮屋，是金門縣長青會的新會址，鑒於舊會址的湫隘，無法讓會員享有一個舒適的環境，因而毅然決然在民國九十四年七月遷移新址。新址果然環境清幽，空間寬敞，交通方便是會員休閒、聊天、唱歌、奕棋、品茗、閱報、開會、聚餐的好所在，也顯見近年來地區對老年福利政策的重視。

沿著浯江停車場從南到北就有「金門浯江老人會」、「北堤風雨亭」、「金門長青會」等，這些會所早晚都有可愛的年長者穿梭其中，享受年老的清福與愜意，或沉思小憩、或悠閒聊天、或話八股與政治、或欣賞電視名片、或高歌一曲……都能快慰平生，頤養天年。最為可惜的少數嫌無聊的長者，摸八圈、尋求刺激，終究有小輸、小贏，難免火氣大，口角多，甚而發生令人不願見的失控場面。俗語說：「老年如小孩」，有時還會猜不透他們的心思與行為呢！

從長青會走下來，這段北堤路原是緊鄰浯江溪旁的狹窄小徑，到處雜草叢生，不利於行。兒時漕水溝就在迴龍宮旁流入浯江溪，以漕水溝隔開東、西兩地，彼此並不相通，漕水溝以西和靠浯江溪相交之地，是一片農田，每當春季，春雨綿綿之時常常淫水漫淹，浯江溪一時洩洪不及，只見一片水中載浮載沉的農作物和淹入喉頭的菅芒，忽然變矮縮身的木麻黃。漕水溝以東和浯江溪交界部分是農田，其中有許姓人家，眼光獨到畫地為果園，種滿各種果樹，其中最多的是從農試所引進的番石榴，每當番石榴成熟時，孩童最喜徘徊光顧，但一不小心常

被看守的黑狗追得四處逃竄，最
後落得上氣不接下氣，一副驚恐
震懾樣。

　　現在，狹窄不平的沿溪小路
不見了，沿溪的堤岸，一再被廢土
所傾倒，經過政府整修成柏油路面
後，取而代之的是寬敞的北堤路，
和一排高大濃密的光臘樹，加上夜
晚的路燈，北堤路和停車場，不啻
是最耀眼的地方，除了穿梭不停的
汽車，和呼嘯而過的機車。下班晚飯後，只見人們漫步在寬廣
的北堤停車場上，乘著晚風，享受一天來的愉悅，飽嚐生活的
美好。偶而還可看見，社區的元極舞載歌載舞，帶來不少的歡
樂氣氛。

　　隨著社會的發達，北堤路似乎顯得很匆忙，君不見大型遊
覽車，送來如潮如水的觀光人潮，在此上下車，衝往大陸街走
馬看花，享受購物的慾望，滿足消費的心理，為經濟注入活水。

　　如果仔細算算，整條北堤路就開設有六家專賣檳榔的，可
謂極勝一時，但是金門人吃檳榔的人口比率還是低，盡皆是遠
從臺灣者所購買，生意可謂競爭又不惡，但是連帶而來的問題
是，到處一灘灘的「血」、渣仔，還有煙蒂隨處丟，更嚴重的
是少數檳榔業者附帶「卡拉OK」，讓客人高聲嚷叫，高分貝
輸出，白天和夜晚時時刻刻強迫你要聽，就是沒看到環保局
人員主動稽查，或是要打電話去派出所才有看一看又離開的警
察，不久，我行我素的「卡拉OK」五音不全，如狼嗥狗吠，
又似魔音穿腦，非得讓你習慣不可。

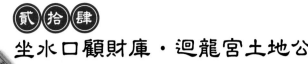

跨 過停車場緊鄰浯江北堤路，有一座美輪美奐的土地廟「迴龍宮」（水尾宮）。迴龍宮取坐午向子兼丁癸分金庚子庚午，丁亥年子后方吉利癸大利。

俗話說：「田頭田尾土地公」。因此凡有里社，必有土地神，土地神為守護里社之神，一般土地公的造型有多種：一種是山神土地公，一手持杖，另一手握絹帛；另一種居家的土地公，一手持如意，另一手掌中握著黃橙橙的金錠，頭上所帶帽子分為官帽及一般帽子二種，有功名之村莊及家庭所供奉之土地公，方能帶官帽；無功名之村莊及家庭所供奉之土地公，僅能戴一般帽子，兩種造型皆是滿臉洋溢笑容，一副和藹慈目可掬的樣子。

在金門土地公絕大部分被宗祠、廟宇及家戶所崇拜，獨立的土地公廟在城區只有南門里和北門里，而且土公廟一般的造型較低矮。由於土地公是財富的象徵，在古代的農業社會，百姓以五穀視為土地所育，百姓所賺來的錢叫「土地錢」，因此許多商家都會祭拜土地公，也可說是商人的財神爺之一。而東門土地公廟由來的始末也是因緣際會的，民間以為有德者死後化身為土地公，且有任期制，目前迴龍宮土地公不知已是第幾任所，神名為何。

而在南門境土地宮牆上早有勒石可證，土地公是十二年為一任的。牆上的文字：「本宮福德正神歷十二年一任，今民國六十五年，丙辰九月初九日，調任。是日薦香花水果金帛於殿前，虔誠迎送。街董事會謹識」。因此每個地方所供奉的土地公神靈是不同的，最早的土地公是漢代的蔣子文，另據宋郭彖

著睞車誌載：「宋朝時期民間即奉祀劉知常爲土地公，皓首皶面」，故土地公係屬人靈崇拜中的功德神。另外兩旁各配祀有虎爺將軍以協助土地公辦理事情。

　　早年北堤路僅是一條沿浯江溪的土堤小路，在戰地政務期間，就在漕水溝排水口和浯江溪交界處，設立一座上下二層的軍事兩用堡，平日並無駐軍防守，只有在民防訓練和演習時才會有人看守，大約在民國五十幾年有好事者將土地公金身放置於堡壘上，並無其他設備，後來漸漸有人膜拜，而兩用堡經過二次的改建後，土地公一直被保留下來，好事者添加香爐、燭臺、紅綵，甚至茭杯，香火陸續興旺起來。

　　不久，爲配合漕水溝加蓋和浯江溪的整治，將兩用堡打掉，竟然興建起一座小土地公廟來。土地宮是由吳神丁、許乃真等鄉紳發起，目前是由許姓里民管理。

　　廟雖小但靈驗異常，里民說：土地公坐水口、避煞、守財庫，因爲廟就坐在漕水溝與浯江溪的交流處，看管東門里的財庫，東門里就是因爲有土地公才保住了在金城鎮的商業地位。

　　民國九十四年里民經請示境主池王爺主持土地廟修建儀式，新建完成的巍峨土地公廟就緊鄰在浯江溪停車場和北堤路之間，另建有廂房作爲香客休息處和每年農二月初二日作醮之

左：笑容可掬的迴龍宮土地公。右：土地公十二年一任之勒石

左：迴龍宮重建誌。右：東門境迴龍宮

用。雖然這座違建的土地公廟，且突出在北堤路的路面，但都不會妨礙善男信女對土地公的崇敬心意。

在九十六年十一月二日經池府二王爺起乩指示：丁亥（九十六）年十二月初五、六日，迴龍宮舉行奠安醮二日誌慶活動，子時起鼓、丑時追龍、初六亥時關宮門、初九卯時開宮門。因為池府大王爺赴馬巷祖廟尚未回殿，本次奠安改由池府二王主壇。道壇則由陳仲茛道長主持。

談到「奠安」是金門地區對宮廟、宗祠以及房屋為燕尾式、馬背式的閩南型制房子，在新建、整建或重建落成後，聘請道士舉行奠安酬謝神明天地的一種典禮儀式活動。當然要在有大利之年，始能舉行奠安活動。

是日子時「起鼓」「發奏」，鼓樂齊鳴，發表上奏，請求上蒼諸神明護佑，接著分別由木匠、泥水匠、石匠等三人進行掀樑儀式，並在喊「發阿！」聲中結束掀樑儀式。然後「請神」，拜請諸賢神明，護佑法事順利圓滿，進獻金帛與供品。丑時「追龍」，道士誦經，王爺起駕，導引眾人追龍。「迴龍宮」之龍頭地，乃在莒光樓與環島西路交接之高地，道士誦經後，以七星劍劃破白羽毛之公雞冠，並以硃砂筆蘸雞血為龍開

光點眼，再用鋤頭舞龍首舞龍尾，活龍隨即舞動，在道士與王爺主導之下，一條活龍在眾人舞動之餘，以最快速度奔回「迴龍宮」，安置於宮正後方，並奉上供品金帛致意。追龍之意乃祈求龍神長住宮穴，引動龍脈之靈氣在宮址結穴之意，並以蘊育靈氣，地靈人傑，化育人才。

緊接著由道士「安山神、土地與后土」，以永久守護鎮宮護宮之意。再以「五方磚、竹符、剪刀符」等制煞物，使靈界知曉宮址的所有權和鄰界線，以壓煞、鎮守宮廟的安全。若遭陽世人竊佔，則竹符將顯現無形的保護作用，而安於宮內牆上的五組五色剪刀符，剪刀諧音為「家」，所以有「家家」之意，圓鏡與鏡架則代表「團圓」之意，故整個剪刀符圖騰所表達的意義就是「家家團團」的象徵意思。

而請「六秀」，六秀乃是星宿神名，分別為東方屬青龍，主興旺等；西方屬白虎，主權威等；南方屬朱雀，主智慧等；北方屬玄武，主聰明等；中央陰屬螣蛇，主胎產等；中央陽為勾陳，主收成等。以護佑奠安儀式的平安，在奠安結束前隨即火化恭送。

另外在宮外「發榜」，榜乃是文書之一，作為向神明與陰界的召告奠安的內容活動與目的，以昭告無形、境眾奠安之目的與內容。為酬謝五營兵馬，保境安民、驅除兇邪惡煞之辛勞，全境善男信女必須以祭品、金帛犒軍，以慰辛勞。

在「敬榜腳」儀式上，則是通知境眾攜帶牲禮、金帛前來答謝守護榜文的守護神的辛勞。接著是拜「樑神」，在掀樑之後，樑就有了靈氣，有了神，眾境必須準備粿粽、供品、湯圓和金帛等來答謝樑神的護佑。敬「宅主」，在「一業五百主」的觀念下，基於尊重不知名先賢者曾經在此建築居住過，將以祭品金帛答謝，以求平安順遂。再來則為「送天公」，就是恭送玉皇大帝，玉皇大帝居中天玉清宮凌霄寶殿，是總管天地人三界。在奠安中常用紙糊天公亭表徵玉皇大帝的神威，送天公

時，由長老們接送入金亭化送，此時王爺、乩童必須跪拜以酒或香花和金帛一起恭送玉皇的神恩。

接著禮敬「南北斗」，俗謂：「南斗註生，北斗註死」一般奠安皆紙糊紅臉代表南斗星君，以黑臉表示北斗星君，因其掌握生死之大權，故常常恭敬兩位星君。禮敬「五聖人」，分別為教人駕木為屋的有巢氏、木匠祖師魯班公、泥匠祖師荷葉先師傅說、地理先師楊公救貧和石匠祖師九天玄女娘娘等，感恩諸聖人的護佑始有今日的宮廟。而「掛燈排粿粽」，掛燈象徵奠安大吉、合境平安、風調雨順、添丁進財，家運前程如燈火光明照耀；排粿粽則除拜神外，另象徵事業蒸蒸日上，好運連連。

「安磚契」，乃用在風水之效用，除藉諸神明以立據，表示宮廟所有權之範圍外，更顯現宮廟之靈氣與龍脈之過氣，而蘊育庇佑宮廟之安全。「屋尾掛燈錢」是用紅紙雕剪如錢圖案，再束成燈籠狀，奠安期間敬眾家家戶戶在屋頂尾端高掛燈錢，以象徵求添丁（燈）進財（錢），民間又以為掛上燈錢鎮住屋子，龍脈才不會被奠安中的宮廟所影響。

「撒五穀、淨油、插柳」，撒五穀乃在祈求五穀登豐、六畜興旺、風調雨順；而淨油則是由乩童將手伸入滾燙的油鍋內，以手蘸熱油清淨宮廟的門窗，以使邪惡妖鬼不得近身；插柳，則是以寫上吉祥語的各色色紙繫在柳樹枝上，並插於宮廟樑上。取其楊柳枝曾為觀世音普薩手中所持作為淨化與救助眾生的寶物，又以驅逐邪怪，清除邪氣之意。

　　迴龍宮的奠安程序經過完整的科儀活動，在初六亥時關宮門、初九卯時開宮門，終告結束一場神道與人事歡樂和諧的活動。

　　一般而言，奠安活動甚少超過三天，三天中的儀式內容與過程、經懺等儀式不是一般師公所可勝任。道士舉行各種儀式活動都有一定規矩，更多是外人所不知道的，尤其一些關鍵的行規、忌諱與口訣，往往關係到整個典禮活動的人、事與地方的平安順利與否？

　　否則，典禮活動結束將會造成剋煞，也許煞到主持儀式的本人，或蝕主、蝕外、蝕師和蝕鄉等，這不是專精的人很難去理解的。

　　此時沿浯江北堤路暨通往莒光路、民族路一帶，兩旁張燈結綵，旗幟翻飛，各家戶出粿粽、牲禮，善信男女無不前往膜拜，一時之間東門里又活絡起來。

　　快速穿越斑馬線，來到北堤路和民族路九十三號的巷口，

一進入就是東門菜市場了，這一條路是進入東門菜市場的主要枝幹之一，行走的路面是漕水溝的下游流入浯江溪的加蓋路面，最近一次路面的翻修是在民國九十三年，路面改為暗紅色，並印上花紋，看起來是頗有特色，怎奈這段路經常給人的印象是濕答答、髒兮兮，很難看到原來路面的真面目，這或許就是熙來攘往的菜市場使然吧！

　　而左手邊的空地，在民國九十四年初由鎮公所規劃作攤販的攤位，希望能將違規擺設在民族路和莒光路一帶的攤販集中在此，工程發包了，地面也劃好一個個攤位的白線格子，就是無疾而終，不了了之。據聞縣議會曾經爭取內政部的經費伍仟萬作為浯江溪觀光夜市的興建，但是，不知為何，卻被其他鄉鎮一一瓜分，所分配的款項終挪招它用，導致浯江溪旁的鐵皮屋一間間出現，而觀光夜市的規劃還是一場空。而圍繞在菜市場周圍的土地，都已劃為市場用地而遭限建，不管你這塊土地是否真正的可以賣菜賣肉，反正就是不允許你申請建築，怪不得有些人跑到別的里去買房子。這也就是為什麼近幾年來東門里並未愈來愈繁榮的原因之一，君不見東門里就是沒有一個叫做「○○新村」的社區！

　　再信步往前就是民族路和莒光路的交接路口，只見人車爭道，真箇車水馬龍，一片繁忙熱鬧景象，而「王爺宮」就在矗立在右前方，已回到原來的出發點，到此可算是走完一趟既知性又富歷史意義的「東門之旅」。

## 貳拾伍
## 東門傳奇・明天會更好

東門境，自清至民國發展以來，現在已是個繁榮熱鬧的住商辦混合區，這裡有著歷史的古蹟、廟宇、街道、洋樓，古厝、民宅和大廈，新舊建築交織，充滿古意的街道與蜿蜒的小巷弄如蜘網，常民信仰祭祀與豐富的民俗活動，構成了東門里的生活網絡，而菜市場莒光路周遭的小吃點心、粥糜、油條、燒餅、炸鹹粿等最是有名，南北雜貨、各類菜蔬水果、海產魚貝貨源不缺，採購便利，是全鎮暨鄰近鄉村民生活、洽公、購物的好所在，也是全縣經濟機能最活絡的地方。

東門傳奇，這裡人才濟濟；有律師、建築師、工程師、金融精算師、優秀的軍公教、紅頂商人、民意代表，以及勤儉努力、仁愛敦厚的里民。但願里民放下私怨，眼光放遠，心胸開豁，樂觀積極共同經營屬於里民的「家」。

當然，面對未來東門里的願景是要做一個安居樂業且最有競爭力的社區，期待未來的東門里是個購物的天堂和居住環境品質最優的村里之一，更是一個充滿人文氣息、休閒遊憩的好社區。

東門，洋溢著鄉鎮自然書寫的浩浩泉之源。
東門，瀰漫著在地文化馨香的濃濃氣息。
東門，不啻是閩南文化研究學習的典型。
東門是我家，明天會更好！

　　這是我的第二本書，從來沒想過會有第二本書的出版，這一切也許該歸功於因緣與際會吧！

　　在傳統與現代的當口，面對自己從小生長的東門里，任誰內心多少會有五味雜陳、如潮似海的波濤，胸中壘塊或所聞所見者，故須以文字澆之。

　　《東門傳奇——金門閩南文化之美》內容是以描寫暨記載金門縣金城鎮「東門境」（東門里）之地理、人文暨歷史與空間聚落發展變遷為主的一本鄉土文獻書籍。

　　書中分為二十五節，將「東門境」作一系統完整而細膩的介紹，且有很多不為外人知道的故事、典故等等，尤其有關於道教的介紹，「道士」與「法師」的區別，提供了不少的解答。可以說將東門境居民的歷史沿革以及生活樣貌一一呈現出來，是一本極具地方性文史的書籍：一方面可供居民平日欣賞閱讀，瞭解自己生活中的在地文化，進而愛護鄉土，珍惜文化歷史資產；二方面也供作為未來縣志文史資料的參考依據，具保存地方文獻的價值；三方面可作為觀光解說訓練相關的參考資料。

　　希望經由本書詳盡的介紹，為地方文獻的保存有所助益，且對地方觀光導覽資訊更增添不少實質的材料與內容。

　　由於時光交錯、人事變遷，相信一定有更多的資料史實，一時被湮沒不聞，或許有重現天日的機緣，且待有心人繼續努力，共同書寫我們所關心的鄉土。

　　而我一直相信東門是自然書寫，在地文化，以及閩南文化的範疇，一個值得深入瞭解研究的寶地。

　　當然一本書的誕生，對我而言，充滿感恩，感恩於許多友

朋的關心與相助，感恩於：李縣長的序文、交通旅遊局林局長
振查、楊校長清國、楊校長瑞松等的提攜，最令人感動的是著
作等身的地方知名作家陳長慶大哥願意為拙作寫序，為本書增
添了光彩，卻為個人惶恐的心再度呈現壓力與責任。

　　最後感謝金門縣文化局願意讓本書有出版的機會。

　　個人願意在壓力與責任下戰戰兢兢邁向下一步的旅程。

# 魁星文化介紹　　　◎張雲盛

據國曆九十六年六月七日金門日報記者莊煥寧金城報導「明、清兩代金門文風鼎盛，共得進士三十一人、舉人一百一十二人，而位於金城鎮城區的清代古蹟奎閣，奉祀魁星爺，曾是士子祈求金榜題名的地方，本縣文化局首度於縣定古蹟奎閣舉辦的"魁星踢斗試試順利"祈福許願活動，將於明（八）日上午八時三十分起展開，希望能形塑本縣祭拜魁星爺特有之文化意涵，及倡導縣民傳承先賢讀書求取功名之遺風，進而帶動民眾讀書之氛圍，祈求魁星賜予智慧，考運順利，並為古蹟活化利用樹立優良的典範」。筆者非常樂見文化局首辦此項有意義的我國古代士子曾有的祭拜魁星文化活動，俗云：「孔子授學教育揚，魁星拈筆點雙魁，文昌送來財官祿，朱衣點頭方為貴」。為此，特為文介紹魁星文化，作為文化局辦理此項活動之誌慶，本文僅就「魁星爺的來歷傳說及祭拜」、「金門沙美萬安堂」及「金門金城奎閣」所供奉之魁星爺……等等作一簡介如下：

## 一、魁星爺的來歷傳說及祈拜

魁星又稱魁斗星君，一說係二十八星宿中的奎星，亦即西方虎七宿的第一宿，共包括十六顆星；另一說為晉書天文誌所載：「北斗第一至第四為魁，第五星至第七星為杓，合而為斗。」此說認為魁星即北斗七星；又一說指魁星就是北斗的貪狼星；另有一說，認為文曲星乃北斗第四天權星，主科甲文章之宿，因文曲屬斗魁第四星，故稱「文曲魁星」，簡稱「文魁」；不論何說，不僅古代的讀書人相信祂與科舉功名的關係十分密切，就是現代的讀書人亦頗多拜魁星，以祈求考試順利，榮登金榜。

魁星又稱綠衣星君，為何稱為綠衣星君，係因魁星掌科甲

之名，而是否能名列科甲之金榜，在九星中爲四綠木星所管，故又將魁星稱爲綠衣星君，早期喜慶慶典演戲及春秋三獻禮中，若有安排「進魁甲」節目，當「魁星踢斗」一角出現時，所著戲裝即爲「綠袍」。

古時書院，每科開卷之前，依例均要先設案敬拜魁星，讀書人在農曆七月初七魁星聖誕之日，要舉行月下拜魁星儀式，據沈平山老師著「中國神明概論」載：「……士子在月光下舉行拜魁儀式，天井裏擺上魁星，牛郎、織女二席香案，……以公羊頭（吉祥）犒祭，烹熟羊角貼紅紙，祭於魁星神前，燭夜下，祭畢，鳴炮，焚香，燒紙鏹，大夥兒在香案前圍餐，以龍眼（狀元）、榛子（榜眼）、花生（探花）三果，代表三元，往桌上投放，跳至某人前，既稱狀元、榜眼、探花，如都滾偏即表示沒得功名，重新投擲叫復考，都投中叫三元及第，投一次，飲酒一巡，叫一科，大家紛向科狀元、榜眼、探花敬酒，直到散席」。後來隨時代的進步，演變簡化爲祭拜魁星僅以龍眼、榛子、花生爲供品，三果齊拜，代表「三元及第」；公羊頭及公羊角亦以麵粉作成。

清代顧炎武「日知錄」載：「今人所奉魁星，不知始自何年。以奎爲文章之府，故立廟祀之。乃不能像奎，而改奎爲魁。又不能像魁，而取之字形，爲鬼舉足而起其斗。不知奎爲北方玄武七宿之一，魁爲北斗第一星。所主不同，而二字之音亦異。今以文而祀，乃不予奎而予魁，宜乎今之應試而獲中者，皆不識字之不與」？錄中將奎列爲北方玄武七宿之一，而查二十八星宿中，北方玄武七宿爲斗、牛、女、虛、危、室、壁，玄武七宿中並無奎宿；西方白虎七宿爲奎、婁、胃、昴、畢、嘴、參，白虎七宿方有奎宿，顯係顧炎武引用天星資料有誤。

據孝經援神契載：「奎主文章」；史記正義解：「奎，天之府庫」；春秋合誠圖載：「奎主武庫」。據上解載我們可以很清楚知道魁星與奎星是不同體系的星辰之神，魁星是北斗

星辰擬神化，與科甲功名有關；奎星爲西方白虎星辰擬神化，奎星又稱奎木狼，性喜好經典，與文章有關，古代士子要博取功名，必須要能寫出好文章，所以古代士子就將不同星宿之神結合在一起，冀求化不同爲同（謂之天同），祈求一體兩面的「文思泉湧（奎），金榜題名（魁）」；奎又爲府庫，府庫乃一種建築體，故建閣以奎爲名，奎爲西方白虎七宿，白虎主武，建奎閣供魁星，取象出文武雙狀元，此即所謂的「魁星拈筆點雙魁」。

「獨占鰲頭」的由來是與魁星有關的，所謂「魁星點斗，獨占鰲頭」是也，即表示魁星爺用筆點定應試學子的名字，就能高中金榜。唐宋之時，皇宮正殿臺階正中石板上，雕有龍及鰲，考中的進士要站在臺階下迎榜，僅狀元一人站在鰲頭上迎榜，以示爲首及尊榮，故稱獨占鰲頭。

文塔，又稱文星塔、文昌塔、文筆塔、文峰塔、原本只是簡單的塔，後來演化繁複成爲文昌閣、魁星樓、奎星閣，古代士子金榜題名，身居要津，位列高官，就會在故鄉，結合地方士紳，請堪輿師看地理，擇在地理穴場，建蓋奎星樓，供奉魁星，一顯身份，二表才高八斗之榮，三蔭地方文運；明朝冷崇在創建文星塔記有云：陝西韓州縣縣令上任後，爲補文筆峰之聳拔，修建文昌塔，並在塔上雕塑魁星像，用以增強風水，彌補文氣不足。

## 二、金門沙美萬安堂彩雕魁星爺浮海而來的傳奇故事

萬安堂歷史悠久，堂主爲保生大帝（又爲沙美境主），依據農曆歲次丙戌年九月初一日下午三時三十分，進香白礁保生大帝祖廟，保生大帝臨壇乩示原文如下：「萬安堂第一次建在境外，建於現川德宮前之地，建廟時間有歷史記載是在元朝，後來廟壞，第二次另選地點，只是動土而已，因動土後，田墩村雞不啼狗不吠，田墩村民到吾廟懇求另擇廟地而未興

建，現址為第三次。又萬安堂乃吾生前行醫之堂號，設立在現在白礁祖宮建地上」。

據沙美鄉老說萬安堂五文昌殿神龕內彩色魁星爺，原係供奉在保生大帝祖廟白礁慈濟宮內，有一年沙美萬安堂至白礁慈濟宮進香，魁星爺借乩萬安堂王爺乩身，表示要隨保生大帝到萬安堂，要進香團偷取其金身帶回沙美，進香團依照魁星爺指示，偷其金身藏在帆船中，帆船未啓航時，魁星爺又借乩指示說：「白礁祖廟的人追趕快到碼頭，會登船搜查，速速將吾金身拋入海中，船到金門，吾金身亦會同時到達金門」，進香團依據魁星爺的指示，將其金身拋入海中，果然沒多久，白礁祖廟的人趕到，登船搜查，找不到魁星爺金身才讓船起航，船航行到半海，船上進香團團員就看到魁星爺金身一半浮出海面，跟隨在船後浮行，船到金沙港外海，魁星爺金身漂浮速度變快，與船同時抵達港口。

魁星爺金身迎回萬安堂後，沙美全境就漸漸沒有宵小，因為小偷只要偷東西，失主如果到萬安堂上香祈求找回失物，小偷就會帶著偷竊品自行走到萬安堂跪在堂前受罰，小偷們從萬安堂的乩示文清楚知道，是魁星爺捉他們到堂前出盡洋相的，心中非常不甘願，小偷就推派一人作代表，先用黑木炭灰把自己全身塗黑，潛進堂內，用五寸鐵釘釘入魁星爺頭部（古人有云：小偷狀元才），從此以後，沙美就再也沒有「魁星爺捉小偷」的傳奇事件發生了；當時用五寸鐵釘釘入魁星爺頭部的那位小偷（住小浦頭，姑隱其名），後來遷往南洋，無子嗣而倒房。

農曆九十五年六月十八日，池王爺聖誕巳時送天公後，管理委員會主任委員請示境主保生大帝，有關彩雕魁星爺的來歷，保生大帝乩示：「來自白礁祖廟」；因此尊魁星爺自行顯靈聖駕沙美，成為今日保生大帝祖廟白礁慈濟宮，在大陸文革後，尚能保存下來具有道教歷史傳承的一尊珍貴神像。

## 三、金門沙美萬安堂魁星爺神像介紹

　　萬安堂兩尊魁星爺神像雕刻不同，來自白礁慈濟宮魁星爺的神像造型比較罕見，紅臉環眼、濃眉如山上揚，露出雙牙，頭戴官帽，身穿官服佩玉帶，右手執筆，左手執書卷，右腳穿官鞋踏於海浪上，左腳屈起踢星斗狀。丙戌年重新安奉於紫微廂五文昌殿，安香祝文首段曰：

| | |
|---|---|
| 貪狼北斗第一星 | 因緣化現魁星爺 |
| 原伴白礁大道公 | 自顯神跡浮海來 |
| 赤眉環眼雙狼牙 | 紅臉生輝耳豐厚 |
| 頭戴官帽身官服 | 腰橫玉帶胸官帶 |
| 左手書卷展文運 | 右手握筆點金榜 |
| 左腳曲起踢星斗 | 右腳踏浪踩鰲頭 |
| 浮海初到沙美境 | 威靈顯赫宵小絕 |
| 祈願今日安香後 | 再顯來時大神威 |

　　另一尊原木色魁星，為現任主任委員夫人黃瑞華女士於農曆九十五年三月十八日贈捐萬安堂，此尊魁星爺出自臺灣苗栗三義名雕刻家之手，雕得栩栩如生，是極罕見的木雕精品，其神像為赤髮，臉上長滿天星點，環眼露牙，披衣蝶足，右腳踩鰲頭，左腳屈起踢北斗七星，右手握筆，左手執墨斗，筋骨胸毛齊現，雕工技巧讓人嘆為觀止，丙戌年安奉於紫微廂五文昌殿，安香祝文首段曰：

| | |
|---|---|
| 北斗天樞璇璣權 | 天衡開陽及搖光 |
| 化成赤髮金臉相 | 環眼披衣蝶足狀 |
| 臉上長滿天星點 | 此是貪狼真模樣 |
| 左腳曲起踢星斗 | 右腳海上踩鰲頭 |
| 左手墨斗封狀元 | 獨占鰲頭名聲揚 |
| 右手握筆點金榜 | 虔求試子皆題名 |
| 尊神座前士子求 | 祈顯金榜題名威 |
| 若有父母求子女 | 子孝孫賢智慧足 |

## 四、學子考生祈拜金門沙美萬安堂魁星爺祝文

今天，學子考生○○○擇良辰吉日，虔敬魁斗星君駕前，求爾佑護學子考生○○○，心開茅塞，祛鈍除迷，智慧增長，才高八斗，文治瓊瑰，詞源浩浩，筆陣風馳，文章華國，光耀生輝，文運亨通，考運順暢，金榜題名，獨占鰲頭。

弟子當秉諸魁星聖德，定當廣行善事，濟世利人，值此虔敬吉日，謹備龍眼、榛子、花生、等諸禮，以表萬分敬意

伏維

尚饗　　　學子考生○○○　　叩敬

## 五、金門金城奎閣及魁星爺神像介紹

奎閣又稱奎星樓，據說是蓋在蜘蛛穴上，為一正六角形的二層建築體，位於金城城南，是金門唯一的一座奎星樓，乃清道光十六年（1836年），由後浦仕紳林斐章捐銀千圓所建，建成迄今經過四次重修，第一次重修為民國四十四年，重修情形不詳；第二次重修為民國五十二年，由林斐章玄孫旅居菲律賓華僑林克凱出資，由金城仕紳組成重修委員會，聘請陳南山為師傅進行重修；第三次重修為民國七十五年，聘請建築大師漢寶德主持重修；第四次重修則為民國八十九年；現奎閣大門門聯為王觀漁所敬撰，上聯為「奎星靜照浯江水」，下聯為「閣柱遙懸武獻雲」。

奎閣內供奉有兩尊魁星爺，大尊神像造型全身通綠，赤髮環眼，披衣蝶足狀，臉上佈天星，左手持斗斜胸前，右手握筆筆尖朝天，左腳海上踩鰲頭，右腳屈起踢星狀。小尊神像造型通身金色，取其星光金燦之意，左手執書卷於腰前，右手握筆，筆尖朝天，左腳屈起踢星狀，右腳海上踩鰲頭。

金城國中王振漢老師著「東門是我家」載：「當年林斐章獨建奎閣，一定期許帶動浯鄉風潮，文運興起，儒林輩出，故捐資興築掌文運的奎星爺，其胸襟遠見，無私胸懷，期許鄉梓後人，實是令後輩晚生欽佩不已！」該文的作者對奎閣也感嘆

說：「除了農曆七月七日的神誕日外，皆是大門深鎖，不得其門而入，香火幾乎是零，又如何彰顯魁星的神威與庇佑呢？」該文作者亦冀望奎閣能如沙美萬安堂五文昌殿二十四小時開放，供學子考生隨時參拜，所以該文作者又說：「時代不停進步，人們追求仕林之途千百年來也不曾改變，如果有一處讓人們的心願可以昇華寄託之處何嘗不是一件好事。」

## 六、魁星爺係自然崇拜中的星辰神靈

中國本土宗教信仰神靈，其靈源可分為自然崇拜和人靈崇拜和傳奇性的地方神明三大類：自然崇拜有屬天的例如天公、星辰中的五斗星君、歲時的太歲……等；有屬地的例如原濕的護國城隍、山的山神、川的水神……等；有屬庶物的例如門神、戶衛、井神、灶神、中霤神等五祀、動物的虎爺、植物的樹公花婆、器物的甕神……等。而人靈崇拜有帝王（例如：三官大帝堯舜禹）、祖師（例如：胥吏祖師倉頡）、先福（例如：子神周文王）、百境（例如：瘟神）、功國（例如：開漳聖王）、宗祖（例如：黃太守）、公德神（例如：福德正神）、厲神（例如：有應公）。而屬傳奇性的地方神明則為各姓王爺、千歲、帝君……等。

魁星乃自然崇拜中的星辰神靈，並非真有其人成神，所以民間傳說「魁星爺生前才高八斗，滿腹經綸，三次高中狀元，但都因長相奇醜，不被錄取，憤而投河自盡，遇鰲魚相救而載飛天庭，玉帝憐其才而封為魁星爺，」仍是訛編的故事，此訛傳變異於鍾馗中進士之傳說故事。

## 七、魁星為五文昌之一

五文昌，指的是文昌帝君（梓潼帝君張亞子）、綠衣星君（魁星爺）、朱衣星君（朱衣神）、文衡帝君（關聖帝君關羽）、孚佑帝君（純陽祖師呂洞賓）。

五文昌中的朱衣神，因朱熹曾到過金門，所以金門民間

很多人以為五文昌中朱衣神為朱熹，此乃絕大的錯誤，因為朱衣神乃居於紫微宮關聖帝君的前身元神；北宋歐陽修當主考官的時候，每當批閱士子的考試卷時，總是會感覺有「朱衣人」在他身旁，如果朱衣人點頭默示，他就會把試卷批示入閣；他曾有詩云：「文章自古無憑據，性願朱衣一點頭」。歐陽修（1007～1072）乃北宋之人，而朱熹（1130～1200）為南宋之人，歐陽修早生朱熹一百多年，歐陽修時期的學人士子早就已奉祀朱衣神了，朱衣神怎會是晚生歐陽修百餘年後的南宋朱熹，故不可將朱衣神視為朱子，否則「海濱鄒魯」的美稱將貽笑大方。

## 八、結語

李縣長炷烽，在民國九十六年六月八日，於奎閣舉行魁星祭典時說：「祭祀魁星，更重要的意義是要宣示以文化立縣的金門縣，縣政推動的目標，期待在教育、文化、歷史宏揚過程當中，金門能夠維持『海濱鄒魯』的美譽，更相信在大家共同的努力下，目標可達成」。

俗云：「也要神也要人」、「自助神助」，民國九十五年七月二十五日金門日報記者張建騰，金沙報導：「……在放榜前後，有人曾經看到梁書華在萬安堂還願。萬安堂供有三忠王等神明和魁星。梁書華常去拜拜，有一次，她的包包還不知怎被火星炙了一個洞；如今梁書華果然奪魁了！不過她可不只是拜拜而已，每次拜拜之後，她就到圖書館去看書─有更多人是看到她晚上和假日都在圖書館內埋頭苦讀」。

援引上述李縣長炷烽魁星祭中一段致辭，及張記者建騰的一段報導，作為本文之結語。（2007/06/29～30　金門日報副刊）

附註：本文已徵得原作者同意一併刊登。

附錄 (二) **魁星爺的顏色**　　　　　◎張雲盛

　　金門日報中華民國九十七年八月二日第四版地方新聞報導「魁星爺改頭換面綠變藍因誤傳被漆成綠身經美容回復原貌」，近日頗多鄉親向筆者詢問魁星爺神像有關顏色問題，筆者不敏，僅就所知，就顏色問題作一探討。

　　一說魁星爺源於北斗七星，北斗七星又稱「七元解厄星君」：晉書天文誌云「北斗第一至第四星爲魁，第五至第七星爲杓，合而爲斗」；七星中第一宮爲「天樞陽明貪狼太星君」，內諱名「魁」，北斗神咒咒曰「大魁貪狼」，略稱「大魁」，即魁星也，又名「天英」，居青城玉樓，冠九晨玉冠，衣青羽飛裳，五行屬木，色白，爲官祿星，善註人間文章案內，在數爲「一」。而七星中第四宮爲「天權玄冥文曲紐星君」，因屬斗魁第四星，故稱「文曲魁星」，略稱「文魁」，又名「天心」，居朱臺玉樓，冠二華寶晨冠，衣丹錦區裳，五行屬水，色綠，爲功名星，掌文筆智慧，在數爲「四」；故紫白賦有云：「四一同宮，準發科甲之名」。又史記天官書云：「斗魁載匡六星曰文昌宮」，述明魁星主理「科甲文衡」及「災咎厄難」。

　　奎星爲二十八星宿之一，乃西方白虎七宿之首宿，狼型木曜金色，孝經授神經云：「奎主文章」，春秋合誠圖云：「奎主武庫」，奎星又一稱魁星。

　　據上所述可知貪狼白色、文曲綠色、奎星金色；經筆者實地考查著名寺廟所供奉之魁星爺，四川省梓潼縣文昌帝君祖庭七曲大廟、福建省泉州廣澤尊王祖廟鳳山寺、臺北市龍山寺、臺北縣新莊市文昌祠、臺南市赤崁樓等所供奉之魁星爺均爲金色；而特殊之魁星爺，一爲臺南市武廟五文昌殿魁星爺雕王爺造型，採坐姿非立姿，紅色臉，臉上爲金色北斗七星；二爲金

門沙美萬安堂魁星爺，紅臉、帶官帽、穿官服、佩玉帶、穿官鞋、握書卷站立於鰲魚頭頂；三為金門金城奎閣原綠色魁星，符合文曲本色，乃智慧者之創作。

考試榜上有名，稱為「金榜題名」，為什麼不稱紅榜或綠榜，蓋取奎星金色之義，狀元穿紅衣帶簪帽，乃取文曲衣丹二華寶冠之義；綠色在宗教星神上代表文運科甲；藍色在宗教星神上代表醫學藥理，故藍臉王爺臨壇均為理病派藥靈應神明，例如金門沙美萬安堂薛王爺、官澳龍鳳宮厲王爺均是。

流傳民間的魁星爺造型，非貪狼、非文曲、非奎星，而係三者之合體，似貪狼、似文曲、似奎星，道教朝元禮斗時尊稱祂為「文衡大帝南極斗口魁神星君廣播帝教天尊」；而其顏色，依星色則以金色或綠色為正色，其他色為變色；而文人雅士圖繪魁星爺，則常用藍色代替綠色；亦有好事者繪畫「魁星點斗」，懸掛門楣，謂可避邪驅鬼。（2008/8/16　金門日報副刊）

附註：本文已徵得原作者同意一併刊登。

國家圖書館出版品預行編目

東門傳奇：金門閩南文化之美 / 王振漢著. --
一版.-- 金門縣金門鎮 : 王振漢出版；臺
北市：秀威資訊科技發行, 2009.07
　面 ；　公分. -- （史地傳記類；ZC0007）
BOD版
ISBN　978-957-41-6494-3（平裝）

1. 文化 2. 人文地理 3. 福建省金門縣
673. 19/205. 4　　　　　　　　　98013137

史地傳記類　ZC0007

# 東門傳奇──金門閩南文化之美

贊 助 單 位 / 金門縣文化局
出　版　者 / 王振漢
作　　　者 / 王振漢
執 行 編 輯 / 林世玲
排 版 設 計 / 蕭玉蘋
校　　　對 / 歐陽麗棉
數 位 轉 譯 / 徐真玉　沈裕閔
圖 書 銷 售 / 林怡君
法 律 顧 問 / 毛國樑　律師
印 製 經 銷 / 秀威資訊科技股份有限公司
　　　　　　臺北市內湖區瑞光路583巷25號1樓
　　　　　　電話：02-2657-9211　傳真：02-2657-9106
　　　　　　E-mail：service@showwe.com.tw
經　銷　商 / 紅螞蟻圖書有限公司
　　　　　　臺北市內湖區舊宗路二段121巷28、32號4樓
　　　　　　電話：02-2795-3656　傳真：02-2795-4100
　　　　　　http://www.e-redant.com

2009 年7 月　BOD 一版
定價：320 元

# 讀　者　回　函　卡

感謝您購買本書，為提升服務品質，煩請填寫以下問卷，收到您的寶貴意見後，我們會仔細收藏記錄並回贈紀念品，謝謝！

1.您購買的書名：_____

2.您從何得知本書的消息？

　　□網路書店　　□部落格　　□資料庫搜尋　　□書訊　　□電子報　　□書店

　　□平面媒體　　□朋友推薦　　□網站推薦　　□其他_____

3.您對本書的評價：(請填代號　1.非常滿意 2.滿意 3.尚可 4.再改進)

　　封面設計____　版面編排____　內容____　文/譯筆____　價格____

4.讀完書後您覺得：

　　□很有收獲　　□有收獲　　□收獲不多　　□沒收獲

5.您會推薦本書給朋友嗎？

　　□會　□不會，為什麼？_____

6.其他寶貴的意見：_____

_____

_____

_____

## 讀者基本資料

姓名：_____　年齡：_____　性別：□女 □男

聯絡電話：_____　E-mail：_____

地址：_____

學歷：□高中(含)以下　　□高中　　□專科學校　　□大學

　　　□研究所(含)以上 □其他_____

職業：□製造業 □金融業 □資訊業 □軍警 □傳播業 □自由業

　　　□服務業 □公務員 □教職　　□學生 □其他_____

To：114

台北市內湖區瑞光路 583 巷 25 號 1 樓

秀威資訊科技股份有限公司　　　收

寄件人姓名：

寄件人地址：□□□

------------------------------------------------

(請沿線對摺寄回,謝謝!)

## 秀威與 BOD

BOD（Books On Demand）是數位出版的大趨勢,秀威資訊率先運用 POD 數位印刷設備來生產書籍,並提供作者全程數位出版服務,致使書籍產銷零庫存,知識傳承不絕版,目前已開闢以下書系：

一、BOD 學術著作—專業論述的閱讀延伸
二、BOD 個人著作—分享生命的心路歷程
三、BOD 旅遊著作—個人深度旅遊文學創作
四、BOD 大陸學者—大陸專業學者學術出版
五、POD 獨家經銷—數位產製的代發行書籍

BOD 秀威網路書店：www.showwe.com.tw
政府出版品網路書店：www.govbooks.com.tw

永不絕版的故事‧自己寫‧永不休止的音符‧自己唱